戒掉恋爱脑

陈文卿 著

电子工业出版社
Publishing House of Electronics Industry
北京·BEIJING

未经许可，不得以任何方式复制或抄袭本书之部分或全部内容。
版权所有，侵权必究。

图书在版编目（CIP）数据

戒掉恋爱脑 / 陈文卿著. -- 北京：电子工业出版社，2024.9. -- ISBN 978-7-121-48358-5
Ⅰ.C913.1-49
中国国家版本馆CIP数据核字第2024HY5795号

责任编辑：王小聪
印　　刷：唐山富达印务有限公司
装　　订：唐山富达印务有限公司
出版发行：电子工业出版社
　　　　　北京市海淀区万寿路173信箱　邮编：100036
开　　本：880×1230　1/32　印张：6.75　字数：134千字
版　　次：2024年9月第1版
印　　次：2024年9月第1次印刷
定　　价：58.00元

凡所购买电子工业出版社图书有缺损问题，请向购买书店调换。若书店售缺，请与本社发行部联系，联系及邮购电话：（010）88254888，88258888。

质量投诉请发邮件至zlts@phei.com.cn，盗版侵权举报请发邮件至dbqq@phei.com.cn。

本书咨询联系方式：（010）68161512，meidipub@phei.com.cn。

序

和恋爱脑说再见，做更好的自己

当你翻开这本书，就已经迈出了成长与自我提升的第一步。这不仅仅是一本书，更是一次与自我灵魂的对话，一次深刻的自我探索，一条通往情感独立、自我成长和自我实现的道路。

现代社会，女性面临着前所未有的机遇，也面临着前所未有的挑战。恋爱和情感关系是女性生活的重要组成部分，它们也可能导致女性迷失自我，陷入所谓的"恋爱脑"中。恋爱脑不仅是一种情感状态，也是一种心理模式，会导致女性在追求爱情的时候盲目，以致忽略了自身的成长和独立。

本书通过揭秘恋爱脑的"前世今生"以及恋爱脑中的角色扮演，剖析了恋爱脑背后的心理过程，揭示了女性在情感关系中的依赖模式及其成因。笔者通过细致的心理分析和丰富的案例，带你了解那些不惜一切代价取悦他人、为了恋爱而恋爱等典型行为背后的深层心理根源。除此之外，本书还提供了一些自测量表，让你更清晰、客观地了解自己的依恋模式、自尊水平和亲密关系。笔者相信，通过了解恋爱脑的心理模式和典型行为，以及客观的自我测试，你必将更好地认识并理解自己在情感关系中的角色，并学会打破不健康的情感循环。

笔者鼓励女性用理智的头脑看待亲密关系，清醒客观地看待恋爱真相，把风花雪月的爱情落实到柴米油盐的生活情景中，和恋爱脑说再见。本书为你提供了切实可行的方法、计划，引导你去建立内外部边界，学会自我疗愈，与他人建立更健康的关系。本书还讨论了如何在恋爱中识别并远离"有毒"的爱情，如何设定恋爱中的底线与原则，以及如何通过恋爱让双方成为更好的人。笔者一再强调情感智慧的重要性，引导你识别并防止恋爱中的操控行为，在关系中实现相互尊重和支持。

自我成长与反思是一条永无止境的旅程。本书鼓励你优先考虑和在乎那些优先考虑和在乎你的人。笔者相信，爱人先爱己，唯有自爱才能得到别人的爱。本书讨论了独立的重要性，以及如何在恋爱与生活中找到平衡，如何在关系中继续追求个人梦想。

笔者希望这本书可以成为你人生旅程中的指南针，帮助你成为生活的主人，做独立女人！愿你在阅读本书的过程中，能够得到启发，获得力量，最终成为你想成为的那个人！

目录

第一章
恋爱脑的"前世今生"

第一节 "前世":恋爱脑是如何形成的?

恋爱时的大脑:各种激素的生产基地 / 003

恋爱中的人:童年经历会影响人成年后的依恋类型 / 005

安全型依恋:一生被童年治愈 / 006

回避型依恋:冷漠是最好的保护色 / 008

焦虑型依恋:作天作地作自己 / 010

恋爱脑的本质:文化的影响 / 012

第二节 "今生":恋爱脑的典型特征及其常见问题

恋爱脑的特征一:对情感结果过度关注 / 017

恋爱脑的特征二:若为爱情故,一切皆可抛 / 018

恋爱脑的特征三:为爱失去自我 / 019

恋爱脑的特征四：情绪波动剧烈 / 020

恋爱脑的特征五：容易理想化，不切实际 / 021

恋爱脑导致的常见问题 / 024

第三节　红线：恋爱中千万不能犯的大忌

大忌一：不惜一切代价取悦他人 / 027

大忌二：恋爱是必须完成的任务 / 031

第四节　自测：了解自己的依恋类型

你的依恋类型是哪一种？ / 036

成年的你有足够的能力做出改变 / 040

第二章
恋爱脑中的角色扮演

第一节　拯救者：亲密关系中的超级英雄

拯救者真的是超级英雄吗？ / 044

拯救者困境：超级英雄也会累 / 048

拯救者自救指南 / 051

第二节　受害者：亲密关系中的无辜者

受害者真的无辜吗？ / 054

受害者困境：总是被深深的无力感包围 / 057

受害者自救指南 / 059

第三节　迫害者：亲密关系中的控制狂
　　迫害只是手段，控制才是目的 / 063
　　迫害者自救指南 / 067

第四节　自尊心：亲密关系的"幕后导演"
　　自尊心：人的坚硬盔甲 / 069
　　高自尊：美满和谐的亲密关系的"导演" / 072
　　低自尊：危机重重的亲密关系的"导演" / 074
　　自尊自爱，发现更好的自己 / 077
　　直面真实的自己 / 079

第三章
告别恋爱脑，认清爱情的真相

第一节　真实的爱，在风花雪月之外
　　真实的爱是一种深层的情感联结 / 086
　　恋爱是一场双人舞：合作才能共赢 / 089

第二节　走出误区，认清四个爱情真相
　　爱情真相一：不被爱是常态，被爱才是偶然 / 093
　　爱情真相二：真爱是让双方成长，而非彼此消耗 / 098

爱情真相三：互利互惠，爱情方能长久 / 103

爱情真相四：只有好好爱自己，才会被人爱 / 109

第四章
独立，做生活的主人

第一节　情感依赖：人格独立的大敌

识别情感依赖的警示信号 / 118

情感依赖对亲密关系的侵蚀 / 123

走向独立，从依赖者到决策者的转变 / 125

第二节　保持独立：建立并维护内外部边界

建立并维护内部边界 / 129

建立并维护内部边界的方法 / 131

建立并维护外部边界 / 135

建立边界要勇于说"不" / 138

情感独立的标志 / 141

第三节　独立生活：打造个人空间

个人空间：亲密关系的保鲜剂 / 144

打造个人空间：迈向独立生活的第一步 / 147

走向独立，打造健康的社交圈 / 150

行动：我的社交计划 / 151

独立的意义：实现个人成长 / 153

第五章
直面恋爱中的挑战

第一节　毒爱：不健康关系的标志

识别并远离毒爱 / 158

测试：给自己的亲密关系打个分 / 165

第二节　平衡：爱情与生活的协调

冲突：爱情与生活的失衡 / 175

练习：时间管理计划 / 179

第三节　底线：做有原则的女人

坚持原则、守住底线 / 184

恋爱中的冲突和挑战 / 189

分手，是结束也是新的开始 / 192

第四节　自我实现：不断成长的女性

自我实现的旅程：条条大路通罗马 / 197

不断成长，做生活的主人 / 202

第一章
恋爱脑的"前世今生"

第一节 "前世"：
恋爱脑是如何形成的？

爱是愉快是难过是陶醉是情绪
或在日后视作传奇
爱是盟约是习惯是时间是白发
也叫你我乍惊乍喜
完全遗忘自己 竟可相许生与死
来日谁来问起 天高风急双双远飞
爱是微笑是狂笑是傻笑是玩笑
或是为着害怕寂寥
爱是何价是何故在何世 又何以对这世界雪中送火
谁还祈求什么 可歌可泣的结果
谁能承受后果 翻天覆海不枉最初
啊……
有你有我雪中送火
爱在迷迷糊糊 盘古初开便开始

这浪浪漫漫旧故事

爱在朦朦胧胧 前生今生和他生

怕错过了也不会知

跌落茫茫红尘 南北西东亦相依

怕独自活着没意义

爱是来来回回 情丝一丝又一丝

神话情话

至你与我此生永不阔别时

这是1995年香港TVB版电视剧《神雕侠侣》主题曲《神话情话》的歌词，短短200余字，却描摹了爱情的千般面貌、万般情愫：爱情可以是喜怒哀乐，也可以是忧思恐惧；可以是双宿双飞，也可以是相忘于江湖。爱情千面，说的是爱情在开始、过程和结局中的种种表现，不过，当我们把视角聚焦在刚刚坠入爱河的人身上，就很容易发现一些共同点。

恋爱时的大脑：各种激素的生产基地

回忆一下初涉爱河时的情景，大多数女性会有心脏怦怦跳个不停、手心微微出汗、脸颊发红发烫、大脑短暂空白的感觉，这种略显激动的愉悦感，被形象地形容为"小鹿乱撞"。那么，你有没有想过，这种感觉是怎样产生的呢？也就是为什么会有这种怦然心动的感觉呢？

既然感觉是一种生理反应，那么必然有相应的生化物质基础。脱下爱情那层让人怦然心动的"外衣"，就会发现，爱情最开始的面目，其实是一场在大脑工厂的指挥下，生产各种激素并将其随着血液运输到身体各处的激素派对。

在恋爱伊始或者尚未进入亲密关系时，看到心仪的对象，身体往往会出现心跳加速、手心出汗、瞳孔放大等反应。不难发现，这些反应和人在紧张状态下的反应十分类似，这是因为双方还不十分熟悉，肾上腺素发挥作用，触发了身体的应激反应。

随即，大脑工厂会制造出一种叫多巴胺的化学物质。多巴胺奉行快乐至上的原则，只要欲望得到了满足，多巴胺就会立刻被制造出来作为奖励，让人产生快感，感到更加快乐、更加兴奋。此时，心仪对象有意无意地看了你一眼，就能让你兴奋半天，那种感觉就像幼儿园的小朋友第一次得了小红花一样！他的一言一语、一举一动无不牵扯着你的情绪，你不断地回味着这种大脑短暂空白的快感，陷入了热恋。

随着关系的推进，内啡肽和催产素也加入了这场盛大的激素派对。你不由自主地想牵一牵他的手，想挽着他的胳膊，想和他亲近。当他的手伸向你时，你没有躲闪，指尖轻触宛若触电。你们的关系越来越亲近，情感联结越来越紧密，你对他也越来越依恋，这是催产素和内啡肽的功劳。

上述激素的释放，让你感到快乐、幸福和满足，就像是吃了满满一盒巧克力。我们在大脑工厂主导的这场盛大的激素派对的作用下，经历了和一个人从陌生到熟悉再到亲密无间的美妙旅程，体验了爱情的美好，获得了心灵的成长。

不过，此时此刻，我不得不提醒你，凡事过犹不及，一旦大脑工厂的激素产能过多或者过少，就会出现各种各样的问题。恋爱脑的产生和多巴胺的过度分泌有着千丝万缕的联系。简而言之，过度依赖多巴胺会导致情感依赖和焦虑。

恋爱脑是一种在恋爱早期阶段常见的心理状态，个体会将所有的精力和注意力都集中在伴侣和爱情关系上，对除爱情和伴侣之外的其他方面的生活完全熟视无睹、置若罔闻。如今，恋爱脑显然是一个带有贬义色彩的词语，因为它虽然听上去颇为浪漫，并且的确能在恋爱早期带给人幸福和兴奋的感觉，但实际上却会在不知不觉中让人掉进爱情陷阱，把人拖入爱情迷宫，让人陷入爱而不得、退而不能的痛苦境地。

恋爱中的人：童年经历会影响人成年后的依恋类型

我们已经了解到，被爱神丘比特射中的人，他们的大脑工厂一直在忙忙碌碌地制造各种激素。不过，激素的分泌并不受个人的控制，其实恋爱也一样，很多情况下并不会依照个人的意志而发展。经常有人会说："我也很后悔，可不知道怎么回事，我当时就那么做了！"这其实是潜意识的影响。

著名心理学家弗洛伊德认为，人的人格就像是漂浮在大海上的一座冰山，日常表现出来的、能被人察觉到的心理过程只是显露在海平面以上的冰山一角。这种有意识的心理过程只占5%，而真正决定一个人行为的，恰恰是海平面之下那95%不能被觉察到的心理过程，也就是心理学上所说的"潜意识"。

你有没有想过，为什么有些人在恋爱中如鱼得水，而有些人总是感到不安和焦虑？答案可能藏在我们的潜意识里。而我们的潜意识，又和我们的童年经历息息相关。在儿童早期，我们与主要照顾者的互动就像是在为我们的一生描绘蓝图。这些早期经历会影响我们成年后的依恋类型，以及在亲密关系中的表现。

安全型依恋：一生被童年治愈

小李的童年是温暖且快乐的，妈妈总能敏锐地发现他的需求，鼓励他去尝试和探索，并给予积极反馈，就像是在给小李的自信心加油。小李在幼儿园学会了一首新歌，回家跟妈妈分享，妈妈放下手头的工作，认真听完，为他的歌声献上了热烈的掌声。这样的鼓励让小李觉得自己的每一步努力都能被看见、被珍视。

一天，小李在公园不小心摔倒了，膝盖擦伤了一大片。面对疼痛，小李的眼泪几乎要决堤了，但妈妈没有直接把他抱起来，而是温柔地鼓励他自己站起来，并带他去清洗伤口。这种教育方式，既让小李感受到了妈妈的支持，又教会了他如何面对困难。小李也因此变得更加独立坚强，他知道，即使跌倒了，只要站起来，一切都会好起来。

随着时间的推移，小李渐渐长大，成为一个阳光、自信的青年。后来，他遇到了小芳，和小芳谈起了恋爱。他们的关系充满了爱和尊重，就像是天生的情侣。小李总能在小芳需要时给予她安慰和支持，而小芳也用同样的方式回应小李。他们的沟通是开放而坦诚的，即使在面对分歧时，也能平和地解决问题。小李的安全型依恋，让他在恋爱中保持了自我，他不仅支持小芳追求自己的兴趣和事业，还鼓励她尝试新事物。

安全型依恋的养成并非一蹴而就，而是从日常生活的每个小细节中逐渐积累起来的。从母亲的鼓励和赞赏中，小李学会了自信和自尊；从母亲的引导和支持中，他学会了坚强和独立。这些早期经验，为小李的安全型依恋打下了坚实的基础，深刻影响了他后来的人际关系，尤其是他的亲密关系，让他在成年后的亲密关系中能够稳定地给予和接受爱。可以说，安全型依恋的人，一生都在被童年治愈。

一个稳定的、充满爱的成长环境，对孩子的安全型依恋形成至关重要。父母的支持、鼓励和引导，是孩子形成安全型依恋的关键。而一个安全型依恋的孩子，更有可能在成年后的亲密关系中建立健康、稳定的联结。因此,当你发现自己或身边的人在恋爱中感到不安或焦虑时,可能需要回顾一下童年的记忆,看看是否存在一些未解的阴影。最终,稳定的依恋可以帮助人们在恋爱中找到安全感,而不是在情感的旋涡中挣扎。

回避型依恋:冷漠是最好的保护色

小梅的故事听起来像一部电影,从童年开始,她的生活就好像一场关于成长、孤独和自我发现的探险。在她的记忆中,家里的物质生活很充裕,父母在事业上也相当成功,却没有时间给她应有的陪伴和关怀。于是,小梅在孤独中长大,像一只独自漂泊的小船,寻找着属于自己的港湾。

孤独感在小梅心中生了根,并迅速蔓延。她的玩具成了她最好的朋友,想象力是她唯一的救赎。每到夜晚,她只能靠着童话故事中的角色来填补那份寂寞。你知道那种感觉吧?就像你在家里搞了个派对,却只有你一个人参加。即使最激动人心的童话也无法让小梅的孤独感消失,她的内心深处总有一种隐隐的忧伤。

当父母不在身边的时候,小梅学会了自我安慰。她的内心变成了一座孤岛,独立且坚强,但同时也充满了孤独和不安。她意识到,她只能靠自己,不能指望别人。这种自我保护的意识,像是给她的心筑起了一道厚厚的墙,好像她的心是一座城堡，外面写着"请勿打扰"。谁都不允许轻易进入，因为只有保持距离，她才能感到安全。

随着时间的推移，小梅慢慢长大，她的性格变得更加内向。她开始避免与人建立深入的联系，因为她觉得亲密会让她失去自我，会让她再次感受到被抛弃的痛苦。她的内心就像一座被锁住的城堡，任何人试图靠近她，她都会自动启动防御机制。这种回避让她在工作中表现得非常专业，但在人际关系上，她就像一只蜗牛，总是藏在壳里。

成年后，小梅进入了复杂的社会，她的工作表现一如既往地出色，但在人际关系上总是保持着一定的距离。在恋爱中，她总是害怕靠得太近，害怕依赖别人会让自己变得脆弱。每当她的伴侣试图靠近她，她就会下意识地后退，就好像她的内心被一层看不见的墙包围着。你可以想象，她的伴侣可能会觉得自己在和一堵墙谈恋爱，这真的让人有点无奈。

小梅的回避型依恋不仅影响了她的亲密关系，也影响了她的友谊。她很难完全信任别人，打开自己的心门对她来说就像是拿着钥匙去打开一扇锈住的铁门。她的朋友和伴侣虽然关心她，但总觉得无法真正接近她，就好像他们在尝试爬上一架不断往上长的梯子，永远到不了顶。

小梅的故事深刻地揭示了早期经验与依恋类型之间的关系。她在成长过程中，缺乏父母的陪伴和情感支持，这让她在情感上变得小心翼翼，害怕受到伤害。于是，她建立了一种自我保护的机制,用冷漠来保护自己,这就是回避型依恋。在短期内,这种机制可以提供安全感,但从长远来看,它限制了她与他人建立深入联系的能力。她的回避行为不仅影响了她的亲密关系,还让她在人际交往中难以找到真正的亲密感。

这种回避型依恋在许多人身上都存在,原因可能与童年的成长环境有关。一个缺乏情感交流和支持的家庭,往往容易导致孩子形成回避型依恋。而这种依恋类型可能会给成年后的亲密关系和友谊带来一些挑战。因此,了解回避型依恋的形成原因,可以帮助我们找到与他人建立深层次联结的方法,甚至可以让我们重新找到那些曾经关闭的心门的钥匙。

焦虑型依恋:作天作地作自己

小美的成长故事就像是情感上的"冰火两重天",她的父母情绪不稳定,时而像夏天的阳光一样温暖,时而又如冬天的寒风般冷酷。这种情感表达上的不一致带给小美深深的不安全感。她甚至觉得家里可能装了"情绪旋转木马",永远不知道下一秒父母是高兴还是冷淡。

有一次,小美在学校的演出中获得了饰演主角的机会,她高兴得像拿到了奥斯卡奖,迫不及待地回家和父母分享。那天,她的父母给了她一个超级热情的拥抱,还说她是最棒的,夸得她心里美滋滋的。她觉得自己终于成为父母心中的骄傲,仿佛拥有了全世界。

然而，生活总爱给人来点小插曲。一次，小美拿着一张优异的考试成绩单回家，期待着父母的赞扬，结果父母因工作忙碌对她视而不见。就像你准备了一顿大餐，结果客人突然说吃不下了。这种情感上的忽冷忽热，让小美觉得自己就像在体验蹦极，时而飞上云端，时而跌入谷底。她开始怀疑，自己需要做些什么才能让父母对她的爱稳定下来。

这样的情感"过山车"体验给小美成年后的亲密关系带来了不少麻烦。她一方面渴望爱，渴望有人可以给她安全感；另一方面，她又害怕依赖别人，因为她觉得依赖就意味着可能被抛弃。成年后的小美在恋爱中表现得非常焦虑，开始了作天作地作自己的"作女"之旅。她的感情生活有点像在爱情的悬崖边缘跳芭蕾，随时可能摔下去。

在与伴侣相处时，小美总是不断地确认对方是否真的爱她。她像是一个"情感GPS"，不断地定位对方的感情走向。如果她的伴侣没有及时回复她的消息，她就会陷入极度的不安，开始怀疑对方是不是不再爱她，甚至怀疑对方是不是变心了。这种不断的疑神疑鬼，让她的伴侣感觉喘不过气来。

小美在恋爱中的依赖性也导致她做出了一些极端的行为。比如，她可能会频繁要求与伴侣见面，或者不合理地要求伴侣报告自己的行踪。她甚至会在对方的社交媒体上查看蛛丝马迹，试图找到一些可以证实他们关系稳定的线索。这种行为虽然源自她对爱的渴望和害怕被抛弃的不安，但也让她的伴侣感到无法呼吸，像是身上穿了一个情感"紧身衣"。

小美的焦虑型依恋不仅影响了她的亲密关系，也影响了她与朋友和家人之间的互动。她总是需要不断的确认和保证，害怕自己被忽视。她的行为看起来像是在填补内心的空虚，却让别人觉得她是一颗随时可能爆炸的情感"炸弹"。

在小美的成长过程中，父母的情感表达不一致给她带来了深深的不确定性。这种不确定性是焦虑型依恋形成的关键因素。小美的渴望与恐惧、紧张与担忧，都是焦虑型依恋的典型表现。她总是需要不断地确定自己被爱，害怕被抛弃，但这种过度的依赖和焦虑往往会适得其反，导致关系紧张和不稳定。

所以，如果你认识一个像小美这样的人，或者你自己有类似的经历，记住：焦虑型依恋是可以通过理解和自我成长来改善的。与其让情感的过山车继续折磨自己，不如尝试在心理上找到平衡，理解情感的不确定性，最终找到一种稳定而健康的亲密关系。

恋爱脑的本质：文化的影响

如果把恋爱比作一场马拉松，那么文化对恋爱脑的影响就像是在起跑线上发给参赛者一双漂亮却不合脚的高跟鞋，让参赛者跑得摇摇晃晃却不知道是鞋的问题。大多数人从小就被灌输了各种关于"爱情的美好"的观念,这些观念在成长过程中一点点渗透进我们的思维,让我们在恋爱中形成了某种特定的期待,这种期待有的合理,有的不合理,而那些不合理的期待的荒谬程度不亚于认定高跟鞋是跑马拉松比赛的最佳装备。

最常见的文化影响来自童话故事和爱情电影。在这些故事和电影里,王子会跪着求婚,公主会洒下喜悦的眼泪,然后他们就幸福地生活在一起了。故事到此便戛然而止了!在潜移默化的影响下,万千女性不知不觉地就会认为:爱情是千万人中的一见钟情,是山盟海誓的迷信,是轰轰烈烈地看尽人间繁华,唯独不会觉得爱情是实实在在的充满烟火气的平凡生活。可在当今社会,别说是下跪求婚,即便能有人真心实意地向你鞠个躬,轻轻牵住你的手,邀你共度余生,就已经是可望而不可即的浪漫情节了!这些没有柴米油盐,亲密关系中不存在矛盾只一致对外的故事,忽略了生活的复杂性,让我们误以为生活中的爱情也是没有争吵、没有分歧的。不少戴着滤镜的浪漫男女在早上起床看到伴侣鸟窝般的头发、带着眼屎的眼睛、流着哈喇子的嘴角的那一刻,就会感觉很扫兴!

更大的文化影响来自社交媒体。社交媒体就像一座巨大的展览馆,展示着爱情的美妙瞬间。请注意,这里说的是"展示",而不是"生活"。在朋友圈里,你会看到情侣在林芝的桃花树下热吻,在碧海蓝天下手牵手,在玉龙雪山上相依相偎;

无论是生日还是情人节，都有礼物和鲜花，生活充满了仪式感。这个时候，你可能会问：为什么我的爱情不是这样的呢？事实上，社交媒体展示的只是人们愿意分享的那部分，或者说是生活中最值得铭记、最希望让别人看到的部分，而非他们生活的全部。你不会看到他们为谁来洗碗而吵架，也不会看到他们因为马桶干净不干净问题而冷战，毕竟"家丑不可外扬"，大概没人会在朋友圈分享这些内容，可这也是现实生活中的爱情呀！

除了童话和社交媒体，还有一种文化影响来自传统观念。这是一个略显庞杂的领域，因为它涉及家庭、宗教和社会价值观。在一些文化里，女性被期待在亲密关系中扮演特定的角色，比如贤妻和良母，一定要温柔体贴，以丈夫为主。这个时候，恋爱脑可能就开始运作了，它会让女性下意识地认为"我应该取悦他""我应该保持安静"，因为只有这样才符合大家对"我"的期待，因为所有女人都是这样的。这种观念会让人觉得亲密关系必须符合某种模式，即便这种模式让你感到不舒服，你也必须这样做。

解决文化对恋爱脑的影响，首先，你需要认识到这种影响的存在。这就像是承认高跟鞋不适合跑马拉松比赛。

接下来，你需要逐步改变自己的思维方式。试着用一种更现实的方式来看待爱情，而不是让社交媒体和童话故事来定义你的恋爱观。你可以开始关注那些展示真实生活的内容，阅读关于真实恋爱的书籍，与朋友讨论他们的恋爱经验。最重要的是，记住，每一段亲密关系都是独特的，没有通用模板。

最后，你需要诚实地面对并接受自己的真实感受。恋爱中的每一个阶段都是独特的，有时令人兴奋，有时让人沮丧。无论是高跟鞋还是运动鞋，关键在于找到最适合你的那双鞋。如果你发现自己陷入了恋爱脑，可以试着分析一下文化对自己的影响，并努力从这种影响中跳脱出来。要知道，只有用现实的视角来看待爱情，才能真正找到属于自己的幸福。

所以，一定要谨记：爱情不是一场完美的童话，而是一段需要努力、沟通和理解的旅程。高跟鞋固然好看，但运动鞋可能更实用。你不需要别人告诉你应该如何恋爱，你只需要跟随自己的心，找到专属于你们两个的恋爱方式。

第二节 "今生"：恋爱脑的典型特征及其常见问题

18岁的小雨，带着对大学生活的憧憬进入了大学校园。不久，她遇上了李浩，一个长相出众、成绩优秀、一举一动都能引起一群女生关注的学长。从此，爱情的种子悄然落下，逐渐生根发芽。他们一起上课、吃饭，将大学生活的每一天都过成了甜蜜、欢乐、浪漫的爱情偶像剧。校园里的人无不向他们投来美慕的目光，小雨乐得像个中了彩票的幸运儿，李浩渐渐成为她生活中的唯一主角。李浩说小雨穿绿色衣服更好看，小雨就把她最爱的蓝色衣服全都收了起来；小雨从小就受不了韭菜的味道，一吃就烧心，但还是强忍着陪李浩吃他最爱的韭菜水饺……

不过，随着李浩离开校园步入社会，这个故事的走向逐渐变了味。小雨十分依赖李浩，希望两人每天都能像在大学校园那样形影不离。一旦两人分开，她就忍不住给李浩发短信，并要求对方立即回复。李浩虽然感到有点压力，但还是尽力满足小雨的需求。然而，随着时间的推移，李浩越来越觉得窒息，在他看来，小雨的黏人程度堪比超强胶带。

事情在某天达到了高潮。当天李浩忙得昏天黑地，手机意外没电，没能及时回复小雨的消息，也没能接到她的电话。小雨整个下午都在焦虑中度过，不断拨打那串熟悉的号码，她变得更加紧张和焦虑。她的脑海中甚至浮现出了李浩离她而去，同其他女孩暧昧的场景。

李浩回到家，被眼前的一幕吓呆了：屋里一片狼藉，小雨在情绪爆发中将家中的物品摔得满地都是。她在焦虑、愤怒和猜疑的支配下摔碎了水壶、碗筷、花瓶，甚至把李浩最爱的那盆多肉植物也搞得七零八落。李浩意识到这段关系已经到了危险的边缘，他的生活已经完全被这段感情吞噬，没有了自己的空间和时间。

恋爱脑的特征一：对情感结果过度关注

从这个故事中不难看出，小雨和李浩刚刚恋爱的时候，有大把时间谈情说爱、相互陪伴，所以两人成了同学们羡慕不已的"神仙眷侣"。但随着时间的推移，李浩完成了从学生向社会人的身份转变，小雨却仍旧沉浸在以往的生活模式里，不仅想要快乐和陪伴，更希望得到李浩不断的关注，仿佛这是她证明自己在这段感情中重要地位的唯一方式。这种行为模式简直像是把自己绑在了爱情的火车上，一路狂奔不止。

没错，小雨最大的问题就在于她对情感结果的过度关注，这也是恋爱脑的一大显著特征。她每天给李浩发几十条短信，就像是在考试前不停地翻书，生怕错过什么。一旦李浩回复迟了，她就开始焦虑，一遍一遍不停地拨打电话，若得不到回应，她就会在失控情绪的支配下做出一些过激行为。小雨这种对情感结果的过度关注，不仅让她自己饱受焦虑和猜忌的困扰，也让李浩倍感压力，过上了被手机铃声支配的生活。

恋爱脑的人之所以会这么执着于对方的回应以及情感结果，根本原因就在于他们缺乏自信，只有通过和恋爱对象的深度绑定他们才能确定自己是被爱的。一旦分开，他们就会焦虑不安，陷入深深的自我怀疑以及对伴侣的无端猜疑中。

恋爱脑的特征二：若为爱情故，一切皆可抛

恋爱脑的另一个特征是认为真爱至上，并因此忽略身边的其他事物。你可能会发现，陷入恋爱脑的人会将全部精力投入到感情中，其他的事情都变得不重要。在小雨的眼中，李浩就是她的全世界，爱情就是她的全部追求，大学课程变成了"背景音乐"，朋友的邀请成了"噪声"，她甚至连校园里什么时候多了一个新雕塑都不知道。她的生活里只有李浩这一个人，只有爱情这一件事：两个人在一起的时候，她眼里只有他；两个

人一分开,她就开始想念他,给他发短信、打电话。除李浩之外的任何人都不值一提,除爱情之外的任何事都索然无味。

这样的状态显然对个人的发展和成长十分不利。一方面,不利于学业和事业上的进步,会让人失去正常的社交和亲密的朋友;另一方面,也会让人的多余精力无处释放,把关注点全都放在伴侣身上。长时间对伴侣的过度关注,会变成对伴侣的压力,压得他喘不上来气,引发冲突,消磨感情。

恋爱脑的特征三:为爱失去自我

恋爱脑还会让人过度以对方为中心,失去自我。你可能会看到,恋爱脑的人为了迎合对方,会放弃自己的原则和底线。在小雨的故事中,她开始改变自己的喜好和行为,以迎合李浩的喜好。她甚至放弃了自己一直喜欢的蓝色衣服,因为李浩说她穿绿色衣服更好看。小雨不再是自己,而是试图成为李浩喜欢的人,这种行为让她失去了自我认同。

这种以对方为中心的行为,短期内可能会让关系看起来稳定,但从长远来看,它可能会降低个体的自我价值感。就像小雨为了让李浩开心,为了显得和李浩有同样的喜好,开始吃她不喜欢的韭菜,这种妥协看起来可能无害,但从长期来看很可能导致她失去自我——她不再是那个自由自在的小雨,而是变成了李浩的"镜子",这显然不是一个健康的感情模式。

恋爱脑的特征四：情绪波动剧烈

恋爱脑还会导致情绪波动剧烈。你可能会发现，恋爱脑的人情绪就像过山车，从最初的幸福和兴奋，到最后的焦虑和愤怒，只需要几秒钟。在小雨的故事中，她的情绪跟着李浩的反应和行为而波动不定。如果李浩迟迟不回复短信，她就会陷入焦虑；如果他晚点回家，她可能会陷入愤怒，甚至摔东西。这种情绪的剧烈波动不仅对她的身心健康有害，还可能对周围的人造成困扰。

在这种情况下，小雨可能会因为李浩的一句玩笑话而情绪崩溃，或者因为他忘记带她去吃饭而感到被冷落。这种情绪上的不稳定性让感情变得像一场大型真人秀，随时都有可能出现"意外"。而李浩，作为一个无辜的参与者，可能会感到困惑和无所适从，甚至开始怀疑自己是否做错了什么。

由此，两人的相处就会陷入过度关注伴侣—伴侣倍感压力—双方爆发冲突—对伴侣产生怀疑—更加关注伴侣的恶性循环怪圈。

通过小雨的故事，我们可以看到恋爱脑的这些表现不仅影响了小雨的个人生活，也对她和李浩的关系产生了负面影响。如果处理不当，可能会给双方的身心健康带来严重的压力，甚至导致关系的破裂。

了解恋爱脑背后的原因可以帮助我们更好地应对感情中的

各种挑战。在这个过程中，我们需要找到平衡，避免让爱情变成一种强迫症。记住，爱情应该是让人感觉轻松愉快的，而不是像在演绎一出跌宕起伏的爱情偶像剧。了解恋爱脑还可以帮助我们在恋爱中保持理智，不至于被爱情的泡沫冲昏头脑。

记得提醒自己，爱情应该是让人感觉轻松愉快的，而不是一场"情绪过山车"。最重要的是，不要被恋爱脑绑架，更不要因为恋爱而失去自我，成为被潜意识控制的"行尸走肉"。

恋爱脑的特征五：容易理想化，不切实际

在恋爱的甜蜜梦境中，理想化就像一副心灵滤镜，它将爱人的形象渲染得完美无瑕。你知道那种感觉吗？就像戴上了一副玫瑰色眼镜，世界都变成粉红色的了，爱人似乎总是那么善解人意，无条件地支持和理解我们的一切。然而，当现实的光线穿透这层幻觉中的面纱时，我们常常不得不面对理想与现实之间的巨大落差。这就像当你发现买的鞋号不合适时，你已经走了很长的路。

小玲就是这样一个被理想化困扰的人。她从小沉醉于白雪公主和灰姑娘的故事，一直幻想着会遇见自己的白马王子。在她的想象中，爱情应该是充满了浪漫和英雄主义的故事。她的白马王子应该是个勇敢而机智的英雄，不仅会在她有需要的时

候及时出现，还会顺带解决世界上的所有难题。这样的幻想随着她一天天长大，渐渐变得根深蒂固，就像在心里建了一座童话城堡。

进入大学后，小玲加入了文学社团，这里的活动让她的浪漫情怀得以满足。在一次社团组织的诗歌朗诵会上，她遇到了小强。他高大的身材、帅气的外貌，以及舞台上自信满满的表现，立刻捕获了小玲的心。小强讲述的每一个冒险故事都让小玲心跳加速，她确信命运终于让她遇见了自己的白马王子。

然而，随着两人关系的发展，小玲逐渐发现，小强并非她想象中的那般完美无瑕。他在决策时犹豫不决，工作中有压力的时候会变得情绪低落，甚至在偶尔的聚会上也会闷闷不乐。这一切都与小玲心目中勇敢、无所畏惧的形象相差太大。她开始觉得，这个白马王子怎么变成了一匹普通的"马"？

尤其是在他们计划共同前往巴厘岛旅行时，小强在选择酒店和行程上的反反复复，让习惯于童话般完美策划的小玲感到非常失望。她渴望的是一个可以带她去看世界的完美伴侣，而不是一个连酒店都选不好的旅行伙伴。

情感的失落感逐渐累积，直到那次朋友聚会。小强因为工作未完成而情绪低落，整个晚上都郁郁寡欢，这让期待他能像往常一样风趣幽默的小玲感到尴尬。朋友们的关心和提问让她觉得自己是在带一个情绪如此不稳定的伴侣出门，她不由得心生疑虑：这样情绪化的男人真的是她想要的伴侣吗？

小玲的困扰在于，她对爱情有一种不切实际的幻想，给予了伴侣理想化的光环，一旦伴侣不按照她预想的那样去做，她心中勾勒出的理想形象就会轰然倒塌，于是她就会对这段感情产生怀疑。从心理学的角度来看，理想化是一种认知偏差，它让我们倾向于忽略伴侣的缺点，只看到他们的优点。这种偏差可能源自我们对完美爱情的渴望，或者是我们内心深处对于被爱和被接纳的需求。理想化的危害在于，它创造了一个不真实的标准，当伴侣无法实现这些期望时，我们的关系就会遭受打击。就像小玲，她希望小强能成为童话故事里的白马王子，但现实中的小强是一个活生生的人，是人就会有喜怒哀乐，情绪就会有高有低，但她接受不了他的真实，内心满是失望和困惑。

小玲的故事提醒我们，理想化在恋爱初期带来的或许是甜蜜，但很容易导致苦涩的结局。当我们戴着玫瑰色的眼镜看待恋人时，可能会忽略对方真实的一面。而当这些滤镜开始不起作用时，我们就必须直面理想与现实之间的落差。这种落差并不是宣告爱情的失败，而是一种善意的提醒——爱情是接受真实的人，而不是追逐幻想中的童话。最终，只有我们认识到，一个人的优点和不足往往是硬币的两面，只有真心实意地接受一个活生生的人，才能在恋爱中找到真正的幸福。

恋爱脑导致的常见问题

恋爱是让人心跳加速的体验，犹如坐上一辆爱情的过山车，一路高歌猛进。然而，当我们谈到"恋爱脑"，就像是过山车突然失控，带来一系列不可预料的麻烦。

第一，恋爱脑会导致"大脑短路"。我们都知道恋爱会让人感觉像在云端，仿佛天上的星星都在为你闪烁。但这其实是多巴胺、内啡肽和其他激素在大脑里开了一场盛大的"音乐会"，结果导致大脑陷入短路状态，做出一些让人匪夷所思的事情。

还记得当你盯着手机屏幕，期待着某个人的短信，却只得到一个"哦"字时的状态吗？你的脑子那一刻就开始跑火车，思绪如脱缰的野马，想着"是不是我哪里做错了？""他是不是不爱我了？""我们是不是该分手了？"……这就是恋爱脑的经典表现：过度解读简单的行为，搞得自己满腹猜忌，仿佛在拍一部爱情惊悚剧。

第二，恋爱脑会导致工作效率下降。你可能认为恋爱会让人更有动力，但恋爱脑可能会让你在工作中陷入困境。当你的脑海里全是他的笑容、他的眼睛，你怎么可能专注于电子表格和会议？如果你在办公室里发现自己频繁偷瞄手机，心里想着"他什么时候会给我发消息"，那你可能需要重新评估这段恋情对你的职业生涯的影响了。

第三，恋爱脑会导致社交圈缩小。你开始忽略朋友，取消聚会，只为了和恋人共度时光。你的朋友可能打电话问你："今晚出来玩吗？"而你的回答总是："不好意思，我今晚有约。"长此以往，你的社交圈就会逐渐变成一座孤岛，朋友们会渐渐忘记你的存在。

第四，恋爱脑会导致过度依赖和控制。恋爱脑会让你产生一种过度依赖的心理，你希望对方陪你一起做每一件事，从早餐到晚餐，再到看电影、逛商场，恨不得连洗手间也一起去。这种过度依赖可能会让对方感到窒息，甚至导致你开始控制对方。你发现自己在他晚归时不停地发短信，质问他为什么回来这么晚，是不是和别人出去玩了。这不仅让对方感到不适，还可能破坏这段关系。

第五，恋爱脑会影响你的身体健康。熬夜聊天、一起看电影，结果导致睡眠不足，第二天上班眼睛里满是血丝。你可能因为忙着约会而忽略了锻炼，甚至开始摄入过多的高热量食品，因为恋爱时总是外出吃饭。久而久之，你的身体会开始抗议，体重增加，免疫力下降，甚至可能引发其他健康问题。

第六，恋爱脑可能会导致财务问题。你可能因为上头而大把花钱买礼物、订餐厅、计划浪漫约会，只为博对方一笑，却完全忽略了自己的经济状况。于是，你的信用卡账单开始越来越长，为了取悦恋人，你的花费已经远远超过了自己的承受能力。这种行为不仅给你带来财务压力，还可能影响你的未来，毕竟浪漫不能当饭吃，买礼物不能拿来还贷款。

如果你发现自己陷入了恋爱脑的陷阱，别担心，认识到问题就是改变的开始！你需要冷静客观地分析一下自己的问题到底出在了什么地方，然后找到平衡点，重建健康的恋爱观。记住，恋爱只是生活的一部分，而非生活的全部。保持理智，学会平衡生活中的各方面，才是拥有健康关系和快乐生活的关键。

第三节 红线：
恋爱中千万不能犯的大忌

大忌一：不惜一切代价取悦他人

在恋爱的舞台上，每个人都希望成为对方眼中的主角，这种渴望本身并没有错。但当这种渴望转变为强迫性的需求时，我们可能会不惜一切代价去取悦对方。就像一位演员，为了在舞台上赢得掌声，可以牺牲一切。这种行为的背后，隐藏着复杂的心理学机制，涉及依赖感强、自我价值感低等多种因素。

黑暗逼仄的出租屋里，白炽灯发出白惨惨的无力的光。小杰坐在电脑前，手指飞快地在键盘上移动，这是他的工作——游戏代练，一单20元。他本不属于这座城市，只因网恋女友小琴的召唤，不远千里来到这里，每天在电脑前端坐十几个小时，不顾手指的僵硬，在键盘上飞速移动，他自以为是在为美妙的爱情勾勒美好的明天。

小杰跟父母关系不好，也没有朋友，于是他将自己的全部幸福都寄托在了小琴身上。他认为，恋爱应该是浪漫的交响乐，每个音符都应该完美和谐。所以，他愿意为了这份"和谐"而无怨无悔地为小琴做出种种牺牲。在他看来，爱情就是付出，自己为此付出再多都是值得的。这种想法让他总是为了取悦小琴而不惜一切代价：他送给她价值千元的鲜花，只为博她一笑；他送给她最新款的手机，只因她在商场多看了那部手机一眼。在选择礼物时，他完全以小琴的喜好为标准，完全忽略了自己的财务状况。

为了多赚点钱，小杰没日没夜地打游戏，直到肚子咕咕叫，才肯点一份不超过10元的外卖。"我少花一点，就可以给她多花一点！"他这样安慰着自己，放弃了最想吃的炸鸡，点了一份素面。他觉得，这样做才是真正的爱情，是他为维系这段关系必须做的事情。

然而，小琴却觉得小杰只知道工作，根本没有时间陪伴自己。于是，小琴向小杰提出了分手。小杰感觉天都塌了，把银行卡里的钱全都转给了小琴，只希望她能高兴，能回心转意。然而，小杰的努力没能挽回小琴的心。

最终，疲惫不堪又心灰意冷的小杰结束了自己的生命……

小杰的行为是典型的取悦行为，这种行为背后通常与早期的依恋经验有关。根据依恋理论，如果一个人在成长过程中感觉只有通过满足他人的需求才能获得爱和关注，那么这种模式可能会延续到成年后的亲密关系中。小杰可能在童年时期就形成了这样的依恋类型，使他在亲密关系中过度寻求对方的认可和满足。

不惜一切代价取悦他人，可能是因为内心深处的某种不安全感。他希望通过满足小琴的愿望来巩固他们的关系，但这样做反而导致自身更加痛苦和对方的不满足。真正健康的爱情应该是相互尊重和理解，而不是单方面付出和取悦。

小杰认为自己的价值来自让对方高兴，而不是基于自己内在的品质和成就，也就意味着他把自我价值感"外包"给了别人。这样做虽然短期内能带来关系的和谐，但从长期来看，就像是给亲密关系埋下了一颗定时炸弹。

心理学家瑞恩·理查德和德西·爱德华的自我决定理论指出，当我们的行为主要是为了满足外在奖励而不是内在兴趣和价值时，可能会让人们在心理上变得脆弱，就像是生活在一座玻璃房子里，玻璃房子一旦被砸碎，就会碎成一地。小杰的故事揭示了两个关键的心理因素：对关系的依赖和自我价值感的问题。

小杰的取悦行为虽然看起来很体贴，但它背后的心理机制远远没有表面上看起来那么简单。他可能觉得要不断取悦对方才能证明自己的价值。这种想法就像是一个从小被教育只有取悦他人才能得到赞扬和爱的孩子一样，形成了一个"别人开心我就有价值"的模式。但这样做的代价可不小，因为一旦小琴的笑容消失，小杰的自我价值感也会跟着下降。

心理学研究表明，过度的取悦行为不仅影响了个体的心理健康，还会破坏关系的平衡。就像一辆汽车，如果只有一边的轮子在转动，最终汽车会失去平衡，可能翻车。小杰总是付出，小琴总是接受，这种模式可能会导致关系中的权力平衡被打破。从长期来看，这种不平等的关系会让小杰对自己在关系中的地位和价值产生怀疑。

长期的牺牲和取悦行为如果没有得到相应的认可，很可能会让他觉得自己像个"免费保姆"。这种感觉会进一步打击他的自尊和自我价值感，让他开始质疑自己的价值和在关系中的位置。心理学家告诉我们，自尊是心理健康的关键组成部分，低自尊可能导致一系列负面心理状态，包括抑郁、焦虑和社交回避。

小杰的故事给了我们一个重要的启示：在亲密关系中，取悦他人固然重要，但不能以牺牲自己的价值和需求为代价。健康的亲密关系应该建立在平等和相互尊重的基础上，而不是靠单方面的付出和牺牲。如果你发现自己在关系中过度取悦对方，那就需要停下来想想，这种行为背后的原因是什么。只有了解这些错误的行为模式，才能让我们在恋爱中找到真正的平衡和幸福。记住，不要让自己的价值感变成别人的"遥控器"，要知道，取悦他人并不能得到真正的爱情，只有尊重自己才能实现双方的平等与尊重，进而获得真正的幸福。

大忌二：恋爱是必须完成的任务

在现代社会，许多人将恋爱和婚姻视为幸福生活必不可少的组成部分，在她们看来，生活中不能没有恋爱，就像喝咖啡不能没有糖。不过，她们并非真的渴望与某个特别的人共度时光，而是因为害怕孤独、迫于社会压力，更有甚者，想通过恋爱证明自己的价值。

在一个春日的傍晚，李雷坐在家中的沙发上，手中拿着手机，不断地刷着微信朋友圈。朋友们的婚礼照片、情侣的旅行自拍以及浪漫晚餐的照片不断刷屏，每一张都像是在告诉他："看，这就是成年人的生活！没有恋爱，你就是个失败者。"这种场景让李雷感到一种难以言说的焦虑和孤独。虽然他有一份不错的工作和一间温馨的公寓，但在这一刻，他感觉自己好像哪里不对劲。

这种感觉促使他决定采取行动。他开始在各种约会应用软件上注册，希望能迅速找到那个能填补他生活空白的"另一半"。在接下来的几周里，李雷与多个约会对象见面，试图通过迅速建立亲密关系来缓解他的焦虑。每次约会，他都努力展示自己最好的一面，但每次回家后，他都感到比之前更孤独、更不安。他开始质疑自己的动机：自己是真的想找到爱情，还是只想逃避社会的期望和填补内心的空虚？

我们一起探讨一下李雷这种行为背后的几个关键心理因素。首先是孤独感的驱动。心理学家告诉我们，孤独不仅仅是一种情绪，它还是一个强大的动力，能促使人们采取行动来减少这种感觉。当孤独感占据上风时，人们往往会急于寻找任何形式的社会或情感联结，有时这种联结是急促的和未经深思熟虑的，就像是抓住一个救生圈，但忘了检查救生圈是否稳固。

社会压力也是一个不可忽视的因素。在社交媒体的影响下，我们经常会不自觉地将自己的生活与他人进行比较。如果周围的人都在展示他们的"完美"恋爱生活，那些单身的人可能会感觉自己落后了，或者是个失败者。这种感觉会加剧亲密关系的急迫感。

另外，寻求自我价值也是李雷行为的一个动力。根据马斯洛的需求层次理论，尊重和自我实现需求在我们的心理发展中占据重要位置。李雷可能试图通过建立亲密关系来证明自己的价值，这反映了一种深层次的需求——被认可和尊重。换句话说，他可能觉得拥有一段亲密关系就等于获得了人生的通行证，没有它，就像是在机场却没有登机牌。

这些复杂的动机通常隐藏在恋爱的表面之下。这种基于需求和压力而进入的亲密关系可能会带来一系列不愉快的后果。比如，李雷可能因为急于恋爱而与不合适的人匹配，这种关系很难满足双方的深层次需求。就像是买了一双鞋，发现尺码不合适，但已经来不及退货了。此外，如果亲密关系建立的基础不够牢固甚至十分脆弱，那么任何小的冲突都可能导致分手。这样一来，李雷的焦虑感只会变得更强烈，他可能会陷入一种持续的不利于他的心理状态，比如焦虑和抑郁。

我们常说爱情是美好的，但它也可能成为一片迷雾，掩盖了我们真正的动机。找到恋爱的真正动机是迈向健康情感生活的第一步。要想知道自己是不是出于错误的动机去谈恋爱，我们需要停下来反思自己的行为和需求。通过自我成长、提升自我价值感，建立更健康的社交网络，我们可以调整自己的恋爱动机，寻找健康的亲密关系。

林莎是一个活泼开朗的女孩，她刚刚结束了一段长达三年的亲密关系。虽然她的社交圈很广，但她还是常常感到孤独，尤其是周末夜晚，当朋友们都在和她分享各自的爱情故事时，她觉得自己好像是唯一一个没有伴侣的人。每次家人问她"什么时候带个人回来吃饭？"她都能感受到一种隐约的压力，仿佛恋爱是她通往幸福的必经之路。

为了摆脱这种孤独感，林莎决定采取行动，她开始参加各种社交活动，希望能找到一个合适的对象。她注册了好几个约会软件，和各种各样的陌生人聊天，就像在参加一场情感马拉松比赛，每天都在冲刺。每次约会前，她都会仔细打扮，期待自己能遇到那个命中注定的人。

然而，几次约会后，林莎开始感到失落。她发现这些约会对象和她并没有太多共同点，谈话内容也缺乏深度。有些人甚至完全听不懂她开的笑话，这让她怀疑自己是不是在说外星语。慢慢地，她开始意识到，自己可能是在为了逃避孤独而约会，而不是为了真正的情感联结。

意识到这个问题后，林莎开始反思，她写日记来记录自己的情感变化。她发现，自己出去约会并不是因为真的喜欢这些约会对象，而是因为不想感到孤独。她就像一块用恋爱来填补空虚的"空心糖"，外面看起来甜蜜，但里面其实是空的。心理学家马斯洛曾指出，孤独感是一个强烈的动机，因为我们天生渴望归属感。当这个需求无法满足时，人们可能会做出过于急切的行为，比如，通过不断约会，试图填补内心的空虚。

于是，林莎决定调整自己的行为。她暂时不再约会，转而关注自己的兴趣。她报名参加了绘画班，学会了画画，这不仅让她的生活变得更丰富，还让她认识到，自己的价值并不取决于是否拥有伴侣，而在于她如何看待自己。她甚至开始尝试学跳舞，在舞蹈的节奏中寻找自己的节奏，仿佛每一个舞步都在告诉她：你不需要别人的认可也能感觉到快乐。

林莎还建立了更健康的社交网络。她和一群志同道合的人成了好朋友，他们每周都一起出去玩，不管是看电影还是登山，她都感到非常开心。她开始意识到，真正的归属感并不一定来自亲密关系，而是来自和他人建立深层次的情感联结。

通过这些调整,林莎的生活发生了巨大的变化。她开始关注自己的兴趣和爱好,发现生活中其实有很多可以追求的东西。在这个过程中,她学会了更加谨慎和自信地对待未来的亲密关系。因为她明白,恋爱应该基于相互吸引和尊重,而不是为了填补内心的空虚。

恋爱本身可以是自我实现的一种方式,但它不是唯一的方式。恋爱可以带来情感上的满足和个人成长的机会,但它不应该是我们寻求自我价值和意义的唯一方式。我们应该在追求恋爱的同时,也致力于自我发展和个人兴趣的培养,这样才能在情感的世界里找到真正的幸福。

第四节 自测：了解自己的依恋类型

你的依恋类型是哪一种？

想要更清晰、理性、客观地看待恋爱，摒弃恋爱脑，最重要的就是了解恋爱中的自己。既然恋爱和我们的成长经历尤其是童年时期形成的依恋类型有着密切的关系，那么，我们不妨来测一测自己到底属于哪种依恋类型。

接下来，你会看到18句话，请选择一个安静的环境，认真阅读每一句话，并尽量客观地考虑你过去和现在的所有关系，用1~5这五个数字来衡量你在这些关系中的真实感受。1代表完全不符合，2代表比较不符合，3代表不确定，4代表比较符合，5代表完全符合。

深呼吸，平心静气，开始给自己的感受评分吧！

	完全不符合	比较不符合	不确定	比较符合	完全符合
1. 我发现与别人亲近比较容易	1	2	3	4	5
2. 我发现让我去依赖别人很困难	1	2	3	4	5
3. 我时常担心伴侣并不真心爱我	1	2	3	4	5
4. 我发现别人并不愿像我希望的那样亲近我	1	2	3	4	5
5. 能依赖别人让我感到很舒服	1	2	3	4	5
6. 我不反感别人太亲近我	1	2	3	4	5
7. 我发现当我需要别人帮助时，没人会帮我	1	2	3	4	5
8. 和别人亲近使我感到有些不舒服	1	2	3	4	5
9. 我时常担心伴侣不想和我在一起	1	2	3	4	5
10. 当我对别人表达我的情感时，我害怕他们与我的感觉会不一样	1	2	3	4	5
11. 我时常怀疑伴侣是否真正关心我	1	2	3	4	5
12. 我对别人建立亲密的关系感到很舒服	1	2	3	4	5
13. 当有人在情感上太亲近我时，我感到不舒服	1	2	3	4	5
14. 我知道当我需要别人帮助时，总有人会帮我	1	2	3	4	5
15. 我想与人亲近，但担心自己会受到伤害	1	2	3	4	5

续表

	完全不符合	比较不符合	不确定	比较符合	完全符合
16. 我发现我很难完全信赖别人	1	2	3	4	5
17. 伴侣想让我在情感上更亲近一些，这常使我感到不舒服	1	2	3	4	5
18. 我不能肯定，在我需要时总找得到可以依赖的人	1	2	3	4	5

好了，测试结束，我们一起来计分吧。

计分的总体原则是，你在句子后边的数字里选择了几，就给自己计几分，比如，第一句话"我发现与别人亲近比较容易"，你选择了完全符合，也就是"5"，那就给自己计5分。需要特别说明的是，2、7、8、13、16、17、18这7个句子是反向计分的，也就是选择了5计1分，选择了4计2分，选择了3计3分，选择了2计4分，选择了1计5分。

相信你已经把每句话的得分都填在下边的表格里了。需要说明的是，这18个句子其实代表着三个维度，分别是亲近、依赖和焦虑，每个维度包括6个句子。

亲近维度	题目	1	6	8	12	13	17	平均分
	得分							
依赖维度	题目	2	5	7	14	16	18	平均分
	得分							

续表

焦虑维度	题目	3	4	9	10	11	15	平均分
	得分							

先计算出每个维度的平均分，再算出亲近和依赖维度的平均分（亲近维度平均分＋依赖维度平均分）÷2。现在，你得到了两个数字，一个是焦虑维度的平均分，一个是亲近和依赖维度的平均分。

如果你的亲近和依赖均分≥3并且焦虑均分≤3，那么恭喜你，你的依恋类型属于安全型。你的一生都会被童年治愈，大概率会拥有健康、成熟的亲密关系，可以说是恋爱脑的绝缘体。

如果你的亲近和依赖均分≥3并且焦虑均分＞3，那么你的依恋类型属于焦虑型。你十分渴望和人亲近，但又时时怀疑对方不想和自己走得那么近，总想做点什么引起对方的关注和认可，时时处在焦虑之中，很容易成为别人口中的"作女"。

如果你的亲近和依赖均分＜3并且焦虑均分≤3，那么你的依恋类型属于回避型。你追求独立，很难信任依赖对方，有着很强的边界感，往往会将冷漠作为自己的保护色，给人一种"封心锁爱"的错觉。

如果你的亲近和依赖均分＜3并且焦虑均分＞3，那么你的依恋类型属于混乱型。你既想依赖别人,又害怕受到伤害,所以内心惶恐不安,有一种越爱越想逃离的矛盾感。

成年的你有足够的能力做出改变

通过前面的探讨和测试,我们发现,早期的依恋模式对于我们在恋爱中的行为方式有着深远的影响。想象一下,有人像一只在感情里翩翩起舞的蝴蝶,而有人则像一只躲在壳里的乌龟,这两者的差异往往与他们的依恋类型息息相关。

那些形成了安全型依恋的人,通常能够在恋爱中保持一种比较平稳的状态。为什么?因为他们在童年时期获得了稳定和及时的关爱。想象一下,小时候你摔了一跤,然后父母立刻过来帮你擦药,轻声安慰你。这种持续的爱与支持,让他们学会了信任他人,并且能够有效地表达自己的情感需求。所以,当这些人在恋爱中遇到挫折时,他们能够相对理性地处理,心想:"没什么大不了的,我可以解决。"

相对地,焦虑型依恋的人就像一颗随时会爆炸的情感炸弹。他们在童年时可能没有得到持续的爱与关怀,导致他们在亲密关系中表现出过度的依赖和不安。他们常常需要伴侣不断证明这段关系的持续性,比如,为什么不回短信?为什么不接电话?是不是不爱我了?……这种不确定感让他们像个侦探,试图找出每个细节,证明伴侣依然爱他们。

而回避型依恋的人则是另一种极端的例子。他们在童年时期经常遭遇情感的忽视，所以学会了尽量减少对他人的依赖。你知道那种"高冷型"角色吧？即使在恋爱中，他们也会保持一定的距离，仿佛每次拥抱都会触发他们的"亲密过敏"。他们宁愿独自一人，也不愿意过度亲密，因为他们害怕被伤害。所以，当他们的伴侣试图靠近时，他们可能会下意识地退缩，仿佛在心里筑了一堵高墙。

混乱型依恋的人则充满了矛盾，既对亲密关系无限向往，又害怕在亲密关系中受伤；既希望依赖伴侣，又渴望个人独立。他们在爱情里若即若离，在亲密和疏远之间苦苦挣扎，就连自己都觉得混乱。

这四种依恋类型展示了我们在恋爱中的不同反应。安全型依恋的人比较平稳，焦虑型依恋的人过度依赖，回避型依恋的人保持距离，混乱型依恋的人则矛盾重重，既想依赖又想保持距离。这种差异不仅影响了他们的恋爱行为，还可能导致冲突和关系紧张。

如果你发现自己是焦虑型、回避型或者混乱型依恋，要知道这并不是绝望的信号，而是一个可以改变的起点。心理学专家指出，理解自己的依恋类型，并学习如何调节情感反应，是建立健康的亲密关系的关键。焦虑型依恋的人，要学会对自己负责，要适度控制自己对伴侣的过度依赖；回避型依恋的人，要学会对伴侣负责，学会如何让自己更加开放，接受更多的亲密关系；混乱型依恋的人，要试着去面对真实的自己，接受自己的真实感受，寻找自身的价值和安全感，进而学着对伴侣负责，让亲密关系变得更健康。

此外，童年缺爱的经历也是情感依赖的根源之一。那些在童年时期缺乏关爱和支持的人，成年后可能会在恋爱中表现出过度索取。他们可能会不断寻求伴侣的肯定，以填补内心的空缺。这种行为虽然源自他们对爱的渴望，但也往往会让伴侣感到压力和束缚。

幸运的是，即使童年的经历并不完美，你仍然可以通过后天的努力，发展出更健康的恋爱模式。心理治疗和自我帮助方法为我们提供了这样的机会。就像给情感装上稳定器，我们可以学会控制焦虑，减少回避，从而在恋爱中找到平衡。所以，如果你觉得自己在恋爱中像是在走钢索，不妨试着理解自己的依恋类型，看看有什么方法可以帮助你建立更加稳定和健康的关系。

第二章
恋爱脑中的角色扮演

第一节 ▶ 拯救者：
亲密关系中的超级英雄

俗话说：人生如戏，戏如人生。其实，处于亲密关系中的恋人们，也总是在不知不觉地扮演各种角色。心理学家斯蒂芬·卡普曼提出的"戏剧三角形"理论，归纳出了亲密关系中的三种典型角色，分别是拯救者、受害者和迫害者。

拯救者真的是超级英雄吗？

拯救者听上去就像是一个超级英雄，而且他们也的确在亲密关系中扮演着超级英雄的角色。不过，亲密关系中的拯救者却并不像我们在影视剧中见到的超级英雄那般光彩夺目。亲密关系中的拯救者是一类喜欢解决问题、帮助恋人并通过这种方式来寻求自我价值感的人。他们在亲密关系中总是时刻准备着为伴侣排忧解难，不管这些问题是大是小，也不管伴侣是否需要他们介入。如果让拯救者选一句能证明自己身份的台词,那么他(她)一定会说:"都放着,让我来!"

凯蒂就是这样一位拯救者。她总是乐于帮助别人,在恋爱中,她更是将这种特质发挥得淋漓尽致。一个寒冷的冬日,凯蒂裹紧围巾,街道上霓虹灯闪烁,寒风带着些许细雪。她手里拎着一袋沉甸甸的杂货,里面装满了汤姆最喜欢的速溶汤包、感冒药、蜂蜜、生姜等。他刚刚打电话给她,声音沙哑,说今天感冒了,可能没法去见她。凯蒂二话不说,放下手头的工作,跑到附近的超市,把她认为汤姆可能需要的一切都装进了购物袋。

凯蒂的朋友们都知道她是个热心肠的人,从不吝啬时间和精力,总是主动承担责任。在亲密关系中,她更是全心全意地扮演着拯救者的角色。她始终觉得,作为女朋友,不管遇到什么样的问题,必须主动挺身而出,站出来解决,这是她表达爱的一种方式。

当凯蒂来到汤姆的公寓时,她发现屋子里有些凌乱,空啤酒瓶和外卖盒散落在沙发旁。汤姆躺在沙发上,盖着一条毛毯,电视里正播放着一部老电影。他微微抬头,看见凯蒂走进来,脸上露出一丝惊讶和不安。他没想到凯蒂来得这么快,更没想到她会带来这么多东西。

"凯蒂,你真的不用带这么多东西,我只是感冒而已。"汤姆试图坐起来,但他明显感到身体沉重,又倒回了沙发上。

凯蒂却像接到任务的特工一样，放下购物袋，开始在厨房里忙活。她打开电热水壶，开始煮粥、泡茶，还把生姜切成片放进热水中准备做姜汤。她一边忙碌，一边轻声对汤姆说："没关系，你需要休息，我来照顾你。"

汤姆看着凯蒂在厨房里忙碌，心里有些复杂。他一方面对凯蒂的关心心生感激，另一方面也多少觉得有点不自在。他从小就是个独立的人，不习惯别人为他做这么多事。他忍不住开玩笑："你是要把我当成儿子养吗？"

凯蒂笑了笑，没有理会他的调侃。她觉得自己在做一件很重要的事情，这种照顾让她感觉自己被需要，也让她觉得自己是这段关系中不可或缺的一部分。她喜欢这种感觉，认为这就是她对汤姆的爱。然而，汤姆却有点不知所措，他并不觉得自己需要这么多帮助，但凯蒂的热情让他不好意思拒绝。

凯蒂的行为符合"拯救者综合征"的典型特征。拯救者倾向于主动帮助他人，甚至在对方明确表达不需要她的帮助时也会忍不住介入。在拯救者心中，帮助别人解决问题是实现个人价值的体现，仿佛不帮人解决问题、不表现出利他行为，自己就会失去存在感。这种行为模式背后的动机非常复杂，一则源自对控制的需求，二则是通过帮助他人来寻求自我价值的实现。

拯救者角色的形成通常与一个人的早期经历有很大关系。

根据依恋理论，童年时期孩子与照顾者的互动方式会对一个人成年后的亲密关系行为产生深远影响。如果一个人从小习惯于通过帮助他人来获得关注和认可，那么他们可能会在成年后的亲密关系中重复这种模式。这种现象在凯蒂身上体现得淋漓尽致。她在成长过程中被教导要照顾他人，以获得认可和肯定，这种经历导致她在成年后的亲密关系中过度关注伴侣的需求，而忽视了自己的需求。

除了依恋理论，自我价值感不足也是拯救者角色形成的另一个关键原因。心理学家阿尔弗雷德·阿德勒曾提出，某些人会通过帮助他人来弥补内心的不安全感。凯蒂可能在内心深处感到自己不够好，或者担心如果不照顾他人就会失去他们的关注。这种心理驱动力促使她在恋爱中过度付出，以确保自己在亲密关系中的地位。

拯救者在亲密关系中的行为特征就像是一个无所不能的超人，总是准备着去拯救世界，哪怕没有人呼叫"超人"。他们常常表现出高度的主动性和奉献精神，愿意帮助伴侣解决问题，无论对方是否真的需要他们的帮助。凯蒂在汤姆感冒时就表现出了拯救者的典型特征：主动买药、做饭，在他公寓里忙碌不止。乍一看，这样的行为确实体贴，但实际上可能是控制和过度介入的表现，甚至可能让对方感到无法呼吸。这个时候的"帮助"和"照顾"，分明有了"控制"的味道。在拯救者的世界里，控制意味着安全，在他们的成长过程中可能经历过一些情感上的不稳定，这让他们在成年后的亲密关系中渴望通过控制来确保情感的稳定。根据心理学家约翰·鲍尔比的依恋理论，这种行为可能源于早期依恋关系的不稳定。

此外，拯救者的种种行为也会表现出一种通过帮助他人来寻求自我价值的倾向。在社会学习理论中，这种行为可以被解释为一种外在奖励机制。凯蒂觉得，当她在亲密关系中提供帮助时，她的价值会得到承认。这种外在认可的动力驱使她不断去照顾伴侣，以此来获得肯定和接受。

拯救者困境：超级英雄也会累

拯救者还有一个显著的特点：忽视自己的需求，专注于满足伴侣的需求。凯蒂为了照顾汤姆，放弃了自己的休息时间和社交活动，仿佛她的生活只能围绕着他转。这种拯救者心态也给凯蒂带来了心理困境。她的照顾和忙碌似乎没有尽头，只要汤姆开心，她就觉得自己的努力是值得的。每当她觉得疲惫时，她的内心就会告诉自己，汤姆需要她的帮助，她不能停下来。但她没有意识到，这种持续的付出正在逐渐消耗她的精力和自我价值。她开始忽视自己的需求，放弃了许多自己喜欢的活动和朋友聚会，只为了有更多时间陪伴汤姆。这种自我忽视可能会导致她逐渐感到情感耗竭，心理压力逐渐增加。她可能会开始怀疑自己的价值，因为她的全部关注都在于确保伴侣开心。

汤姆也注意到了凯蒂的改变。他看见她总是忙于照顾他，却很少有时间为她自己做点什么，于是试着和凯蒂谈谈，希望她可以多关心自己，但凯蒂总是笑着回答："我没事，照顾你是我该做的。"她认为这是维持亲密关系的一种方式，也是自己对汤姆的爱的表达。

这种态度逐渐对凯蒂造成了压力。她开始感到自己在这段关系中没有得到应有的关注和关心。每当她感到失落时，总是告诉自己，汤姆正在经历困难，自己必须替他多分担一些。但她的内心也开始产生了质疑，她不断问自己："我的付出值得吗？我是否也应该被关心？"这种质疑逐渐让她感到孤独，她甚至有时会在夜晚悄悄哭泣。

凯蒂的困境让我们看到，拯救者角色虽然看起来是爱的表现，但实际上可能对自身的心理健康造成负担。当一个人过度关注他人的需求，而忽略了自己的需求时，这种关系会变得不平衡，导致自我价值感的下降和情感上的孤独。

拯救者行为的心理后果通常不会立即显现，但长此以往可能会带来许多负面影响。

首先，过度的付出和牺牲会导致情感耗竭。心理学研究表明，持续关注他人的需求而忽视自身的需求，会导致心理资源的枯竭，它就像是一台永不停歇的机器，最终会因过热而出现故障。凯蒂可能会感到疲惫和不满，因为她的努力没有得到应有的回报，她可能觉得自己像是在无休止地"填坑"。

其次，拯救者行为可能会导致关系中的权力失衡。当一方总是付出，而另一方总是接受时，这种关系就会变得不平等。就像一个跷跷板，总是往一边倾斜，最终可能翻倒。汤姆可能会觉得自己在关系中失去了自主权，甚至会对凯蒂的过度关心感到反感。这种反感会在不经意间显露出来，比如，他可能对凯蒂的问候表现得比较冷淡，或者找借口拒绝她的帮助。

这种失衡的关系让凯蒂感到更加孤独。她开始质疑自己是否真的值得被爱，是否需要这么辛苦才能保持这段关系。她内心的困惑和焦虑不断增加，情感上的压力也越来越大。她不再感到快乐，反而因为自己无法满足汤姆的期望而感到沮丧。凯蒂可能觉得自己的努力是徒劳的，甚至开始想知道自己为什么要如此付出。

最后，拯救者行为可能让拯救者感到被利用和不被重视。当凯蒂发现自己不断付出却没有得到应有的认可时，她可能开始感到被利用，仿佛自己是一个免费的"服务商"。这种感觉会进一步降低她的自尊和自我价值感，导致她在亲密关系中感到更加孤独和无助。

在凯蒂的故事中，我们看到拯救者角色虽然看似光彩，但实际上可能对自身的心理健康和亲密关系造成了许多负面影响。要摆脱这种困境，拯救者需要认识到自己在关系中的位置，并学会尊重自己的需求。

拯救者自救指南

凯蒂的故事让我们意识到，在亲密关系中，拯救者并不总是正面的角色。虽然帮助伴侣是一种爱的表达，但过度介入、过分关心可能会让对方感到压力。作为拯救者，你可能觉得自己在做一件重要的事情，但这也可能会让对方感到被控制，被剥夺了独立性。因此，寻找平衡、尊重对方的边界，才是保持健康的亲密关系的关键。

凯蒂可能需要反思自己在亲密关系中的角色，学会在帮助他人和尊重对方独立性之间找到平衡。这样，她才能既表达关心，又不至于让对方感到有压力。毕竟，恋爱应该是双方相互支持，而不是一方过度介入、另一方被动接受。

纠正拯救者行为需要采取多种策略，重点在于设定合理的边界、提升自我价值、建立平等关系和减少依赖行为。就凯蒂而言，意味着她要改变她在亲密关系中的角色，学会在帮助他人和尊重自己之间找到平衡。

首先是设定合理的边界。拯救者通常容易过度介入他人的生活，认为这是爱的表达方式。但在关系中，健康的边界是保持平等的重要基础。凯蒂需要开始设定她和汤姆之间的界限，比如，停止整理他的公寓，尊重他的生活空间。当汤姆说他可以自己做饭时，凯蒂应该学会接受，而不是继续帮他做饭。设定这些小的边界，不仅能让凯蒂找回自己的位置，也会让汤姆感到被尊重。

其次是提升自我价值。拯救者行为出现的一个主要原因是自我价值感低下，他们需要通过帮助他人来证明自己的价值。凯蒂可以通过培养个人兴趣和爱好来提升自我价值。她可以重新开始参加朋友聚会，或者学习一项新技能，这不仅能让她发现自己在亲密关系之外的价值，还能让她重新找到生活的乐趣。

凯蒂也可以开始写日记，记录她的情绪和成就，这可以帮助她意识到自己的优点，逐渐增加自信。此外，她还可以寻求心理咨询师的帮助，讨论自己的不安全感和自我价值的问题，找到深层次的解决方案。这些方法可以帮助凯蒂建立更稳固的自我价值感，从而减少在亲密关系中的过度付出。

建立平等关系也是纠正拯救者行为的关键策略。拯救者角色往往会导致关系失衡，因此凯蒂需要和汤姆进行良好的沟通，讨论双方在关系中的责任和期望。她可以询问汤姆，他想要在关系中扮演什么角色，以及希望她如何支持他。这种沟通不仅有助于建立相互理解和尊重，还能让凯蒂更好地了解汤姆的需求，从而避免过度介入。

凯蒂还需要学会表达自己的需求，而不是总是满足他人的需求。她可以告诉汤姆，她希望他在周末有更多时间陪伴自己，或者希望汤姆承担更多的家务。这种表达需求的行为有助于打破拯救者角色的单向付出模式，让关系更加平衡。

最后是逐步减少依赖行为。拯救者往往对关系过度依赖，减少这种依赖是纠正拯救者行为的重要步骤。凯蒂可以尝试在一些事情上保持独立，比如，计划自己的活动，而不是每次都听从汤姆的安排。这种独立的行为可以帮助她重新找回自我，减少对他人的过度依赖。

凯蒂还可以尝试与汤姆保持一定的距离，给予双方一些个人空间。这不仅有助于她减少对汤姆的情感依赖，还能让她在亲密关系之外找到自己的幸福感。

纠正拯救者行为的最终目标是建立一种平等、健康的亲密关系，让双方都能够在关系中成长和发展。凯蒂可以通过这些策略逐渐找回自我价值，设定合理的边界，减少对他人的过度依赖，并学会表达自己的需求。这些调整不仅会让她在亲密关系中感到更加自信，还可以帮助她建立更加稳定和持久的亲密关系。

第二节 受害者：
亲密关系中的无辜者

受害者真的无辜吗？

在亲密关系中扮演受害者角色的人就像是一朵饱受风雨摧残的花，他们总是感觉受了莫大的委屈，总是认为自己明明什么都没做错，为什么偏偏要遭受这样的不幸？于是，他们总是默默地等待，等待着另一半来安慰、支持、理解自己。他们的一言一行、一举一动总是会让人感受到一种深深的无力感和被动性。他们无力面对并解决亲密关系中出现的问题，于是以"无辜者"的姿态示人，并试图通过"都是你犯的错，却要我来承担"的逻辑占领道德的制高点，让对方觉得理亏，并由此陷入被动式的情感循环。

丽莎的故事就是一个典型的例子。在一个雨夜，她坐在咖啡馆的角落，双手紧握着一杯热巧克力，心里浮现出与男友马克吵架的场景。他们原本计划一起去看电影，但马克临时改变主意，决定和朋友们出去喝酒。丽莎无力劝阻也无法接受，于是她感到被忽视、被抛弃，心中既委屈又不满。

丽莎在咖啡馆里翻找着她与马克的短信记录，里面全是她表达不满的信息。她打电话给朋友苏珊，开始抱怨："马克总是这样！他从不听我解释，根本不在乎我的感受。"丽莎的话中充满了委屈，仿佛自己是这段关系中唯一的无辜者。

苏珊在电话里试图安抚丽莎，说马克可能只是需要一些个人空间。但丽莎不听，她继续抱怨，觉得自己被马克冷落了。她的情绪就像一座火山，随时可能喷发。这种受害者思维，往往会让他们陷入一种负面的情感循环，他们总是觉得自己被伤害，但又没有意识到自己的角色和责任。

丽莎的行为特征反映了受害者思维的几个关键点。她经常抱怨、寻求同情，并习惯通过外部支持来获得安慰。但这些行为不仅会强化她的被动性，还可能让她失去亲密关系中的主动权。受害者思维通常源自一种深层次的不安全感，或是对自己力量和影响力的低估。丽莎认为自己在这段关系中无能为力，认为面对并解决亲密关系中存在的问题超出了她的能力范围。

受害者角色会对其自身的心理健康产生不良影响。当一个人总是觉得自己是受害者时，他们可能会产生焦虑、抑郁和自尊心下降的症状。丽莎在咖啡馆里喝热巧克力时，心里就开始觉得自己没有价值了，她开始质疑自己是否值得被爱。这种情感状态可能导致她更加依赖外部的安慰和支持，进一步陷入受害者角色的恶性循环。

受害者思维通常对自尊有负面影响。丽莎在与马克的关系中感到无力，觉得自己无法改变现状。她可能开始怀疑自己的价值，认为自己在亲密关系中没有地位，这种自尊的下降会导致她更容易为自己的无计可施、无力改变而焦虑，甚至抑郁。一旦在想象中将自己面对的困境进一步夸大，心中就会不由得生出"他是不是不爱我了"的谜团，并因此心事重重、无法入眠，进而导致失眠问题。

受害者思维还会导致关系中的被动性和依赖性。丽莎可能因为感觉无力而对马克产生依赖，她在争吵中没有主动解决问题，而是期待马克来安慰她。她的被动性可能导致她在亲密关系中越发依赖外部的同情，而不是采取积极行动。丽莎的行为就像一棵依赖的藤蔓，缠绕在马克身上，结果导致他感到窒息。

受害者思维还会对亲密关系产生不良影响。长期的受害者心态会让人习惯于被动，进而失去通过积极行动来改善关系的能力。受害者们倾向于将问题归咎于伴侣，而不考虑自身的责任。丽莎在与马克的争执中，频繁抱怨他不关心自己的感受，认为他总是优先考虑朋友。这种态度可能导致关系中的紧张和冲突，因为受害者角色只是不断抱怨而不主动解决问题。这种持续的抱怨可能会让伴侣感到疲惫和不被理解，进一步加剧关系中的矛盾。

丽莎在咖啡馆里，感受到她与马克的关系正在紧张的轨道上滑行。每次争执，她都会抱怨，仿佛自己是受害的主角，全世界都在与她作对。她在咖啡馆里反复向朋友苏珊诉苦，强调自己在这段关系中是多么的无辜。这种行为不仅强化了她的受害者角色，还可能让马克感到被指责和不被理解，最终导致两人之间的距离越来越远。

要想打破这种恶性循环，最有效的策略是要学会承担责任，意识到自己在亲密关系中的位置，并采取积极行动来改善关系。丽莎需要认识到，她的行为和态度可能在无意中强化了受害者的角色定位。通过设定合理的边界、表达自己的需求以及增强自我价值感，丽莎可以逐渐摆脱受害者的心理状态，找到亲密关系中的平衡点。

受害者困境：总是被深深的无力感包围

从心理学角度来看，受害者角色的核心问题在于内心深处深深的无力感，也就是在心理层面缺乏直面问题、解决问题的能力。丽莎在亲密关系中的受害者心态及由此表现出的种种行为可能是因为她在成长过程中经历了缺乏控制感的事件，导致她在成年后的亲密关系中也感到无力。为了避免这种无力感，她选择将责任推给马克，通过抱怨和指责来推卸自己的责任。这种自小习得的、无论如何努力都无能为力的无助感会让她在面对困境时选择放弃,而不是采取行动。

受害者角色形成的一大原因是对同情和关注的需求。丽莎在咖啡馆里不断向苏珊抱怨,希望能得到对方的支持和安慰。这种行为背后可能隐藏着一种对外部认可的渴望。她可能在成长过程中没有得到足够的情感支持,因此在亲密关系中,她只能通过扮演受害者来获得他人的关注和认同。

然而,这种外部的支持通常是短暂的,并且无法真正解决根本问题。丽莎的行为虽然在短期内可能带来同情和理解,但从长远来看,这种行为会削弱她的自尊和独立性。她逐渐会对别人的同情产生依赖,并在潜意识中形成"有人知道我'无辜'了,我就不是引发矛盾的'罪人'"的心态,一旦这种行为模式形成,她就更不会通过自己的主动作为来改善亲密关系了。

受害者角色形成的另一大原因是逃避责任。丽莎在与马克的关系中表现出明显的逃避行为,她将所有的问题归咎于马克,而不考虑自己的行为对关系的影响。这种逃避责任的行为可能源自她对批评和失败的恐惧。因为一旦真实、客观地面对亲密关系中存在的问题,她就必须承认自己也有不足之处。她恐惧这种不足带来的失败感,为了"保护"自己,她宁可扮演受害者角色,也不愿面对自身的问题。

这种逃避行为可能会导致关系中的紧张和冲突。因为马克可能感到被指责,会产生抗拒。丽莎在关系中的被动和逃避责任,不仅降低了她的自尊,还加剧了关系中的矛盾。

要打破受害者角色引发的亲密关系中的恶性循环,丽莎需要认识到自己的行为对亲密关系的影响。她需要学会承担责任,主动解决问题,而不是一直抱怨。她可以通过增强自我价值感、学习独立,以及与马克进行开放沟通等方式,逐渐改变受害者的心理状态。通过这些调整,丽莎可以找到关系中的平衡点,建立更加健康、持久的亲密关系。

受害者自救指南

要想让一个人从受害者角色中解放出来,重新找到独立的感觉,改变行为模式是个好主意。这件事看起来简单,但做起来却不那么容易。因为这需要让那些一味觉得自己命苦、被欺负的人找到勇气,变得自信,富有自主性。为了实现这个目标,我们可以从以下几方面落实,这些做法不仅可以让受害者角色的心理状态有所改变,而且可以让他们的亲密关系更健康、更平衡。

要想改变受害者心态,走出"我是受害者"的泥潭,关键是要提升自我效能感。通过前面的论述想必你已经明白了,受害者角色的一大问题就是觉得自己没用,好像全世界都在找他们的麻烦,跟他们作对。要想打破这个受害者循环,第一步就是要提高他们的自信心。就拿丽莎这个典型的受害者角色来说吧，她完全可以试着设定一些小目标，并逐一实现这些目标。具体来说，她可以试着在亲密关系中表达一下自己的真实需求，比如，"我想让你陪着我"，抑或是提出一个切实可行的解决方案。无论是哪种做法，显然都比整天抱怨男朋友不懂她、忽视她要好得多。

心理学家阿尔伯特·班杜拉的自我效能理论认为，个体在行动中取得成功时，自我效能感就会增强。这种增强就像是给人注入了强心剂，可以让人在人际交往中变得更积极主动。所以，丽莎可以尝试着改变现在这种男朋友说什么就是什么、只会一味地表面同意内心却不满的相处模式。她完全可以从小事做起，向马克表达自己的真实想法。比如，告诉男朋友自己喜欢什么样的食物，喜欢什么样的约会场所，不喜欢他临时爽约，等等。长期的良性互动，可以让人更自信、更有主见，也可以让两个人的关系更亲密。

接下来，就是学着建立个人界限，也就是我们常说的"边界感"。你可能会惊讶："这还值得一说？"是的，很值得一说，因为受害者角色往往十分缺乏个人界限，导致他们在亲密关系中完全丧失了个人空间。丽莎得学会给自己划出一片独立的领地，并在亲密关系中坚守这些界限。这需要她先扪心自问，自己在这段关系中的真实需求到底是什么。可以试着不带情绪地表达自己的想法，锻炼自己说"不"的能力，比如，告诉马克她不喜欢被人忽略。这是在关系中获得自主权的重要步骤。

当然，建立界限是一个过程，不可能一夜之间完成。丽莎需要耐下心来，制订计划，先从简单易实行的小事做起，比如，告诉马克："我真的不喜欢你总是迟到，但这次我愿意原谅你。"然后，她可以和马克坐下来，敞开心扉地聊一聊对彼此的期望，明确一些个人界限。如此一来，两个人之间的矛盾就会锐减，关系也能更加稳固。

最后，认知重建也很重要。受害者角色总觉得所有问题都是别人惹出来的，自己就是一个无辜可怜的受害者，有一种把自己排除在亲密关系之外的倾向。丽莎需要认识到，亲密关系是两个人共同构建的，所以亲密关系中出现的问题也不可能完全归咎于马克一人，身为关系中的一方，她也是有责任的。通过认知重建，她可以以更加平和、客观、全面的视角去看待问题，减少抱怨和指责的发生。

丽莎可以通过角色扮演和情境重现来学习如何承担责任。这跟演戏有点像，只是没有那么多观众，也没有聚光灯。她可以假装和马克吵架，认真体会自己的感受和情绪，试着理解对方的观点和反应。两个人甚至可以角色互换，把对方当成镜子，以便更好地认清受害者角色的不可取之处。这可以帮助他们真实地感受对方的所思所想，也能让丽莎在亲密关系中更加积极主动。此外，她还可以平心静气地和马克沟通，尝试着一起想办法解决所面临的问题，而非每次都将破坏关系的"锅"甩给他了事。

通过以上这些建议，丽莎可以逐渐改变她的受害者角色，变得更独立、更自信。这不仅有助于她在亲密关系中找到平衡，也会让她的生活变得更充实。

第三节 迫害者：
亲密关系中的控制狂

迫害只是手段，控制才是目的

看到迫害者这个词和亲密关系同时出现，想必大家脑海中最先浮现的一定是那些家暴男，最典型的荧幕形象莫过于电视剧《不要和陌生人说话》中的安嘉和，随之而来的可能是一些让人不寒而栗的场景。不过，亲密关系中的迫害者，远比家暴男的概念更宽泛，也不局限于男人。这是一群亲密关系中的控制狂，他们会通过身体暴力、情感虐待、心理控制甚至经济压迫等方式来伤害、控制伴侣，确保自己在亲密关系中的主导地位。下面这则故事中的王丽就是这样一位看似普通、实际上却隐藏着强烈控制欲的迫害者。

夜已经深了，霓虹灯在城市的夜空中一明一暗地闪烁着，就像是一场永不停息的灯光秀。但王丽却面如死灰，甚至有点失魂落魄。她坐在沙发上，盯着手机屏幕，一遍遍刷着李伟的朋友圈，心里默默诅咒着那些让男朋友回不了家的狐朋狗友。电视开着，但王丽的注意力全在手机上，眼睛如同一架精密的扫描仪，寻找着李伟的踪迹。

李伟说要和朋友出去吃饭，一会儿就回来，可现在已经过去好久了，连个影子都没看到。王丽觉得度日如年，坐立难安：她给李伟发了无数条消息，但都没有回复。她一会儿坐在沙发上聚精会神地研究朋友圈，想看一看有没有李伟的蛛丝马迹；一会儿站在窗前认真打量着街上的车流，想确认李伟有没有坐在其中一辆车里。她心里不禁打起了鼓：到底是和"狐朋狗友"出去了，还是有什么别的事？与此同时，她的脑海中已然上演起了各种离奇的剧情：一会儿是李伟在某个灯红酒绿的夜店和美女相拥而舞，一会儿是李伟和狐朋狗友推杯换盏，决定再也不回来了。

突然，门锁响了，李伟走进屋子，脸上带着一丝笑意，但眼神中却透着疲惫。他刚一进门，王丽就扑上去，目光关切如狂风，言语密集似骤雨："你去哪儿了？为什么这么晚才回来？是不是和别人在一起？"

"只是朋友聚会，"李伟有点无奈，但尽量保持冷静。他知道，面对王丽的质问，如果自己反应过激，那这场"狂风骤雨"就没有停下来的可能了！不过，王丽心中那颗怀疑的种子已经生根发芽,她的控制欲如星星之火,一经点燃便要燎原。于是,她歇斯底里地追问道:"朋友?什么朋友?我怎么不知道?"她的质问就像是警察在审讯犯人,李伟就像是刚刚被带回警察局的倒霉蛋。

李伟极力平复心情,想情绪稳定地面对王丽的质问,但她的控制欲实在太强了,他很不自在。他不过是和朋友们放松一下,王丽如此小题大做,弄得他跟犯了什么大错似的。王丽的行为显然带着一种强烈的控制欲,她习惯于通过质问、批评和指责来获得安全感。在她看来,只要自己牢牢掌握了李伟的一举一动,那么李伟就属于她一个人,她就不会遭遇背叛。但李伟却觉得自己像是被关进了监狱,而且被判终身监禁。

王丽的行为典型且形象地展现了迫害者的特征:她试图通过对李伟的连番质问和不断批评,以达到对关系绝对掌控的目的。但这种强烈的控制欲往往源自她内心深处的焦虑和不安全感。在她看来,只有把一切都纳入自己的视线和掌控,才能避免受到伤害。可是这种做法,却让李伟觉得无比压抑,简直要被压得喘不上气来了。于是,他心生抵触,越来越讨厌这种窒息感,逐渐生出了要逃离这座"爱情监狱"的想法。

心理学家约翰·鲍尔比提出的依恋理论可以很好地解释王丽的行为。依恋关系不稳定导致的焦虑型依恋,会让幼儿习惯性地通过哭闹等方式吸引家长的关注,而作为成年人的王丽则会通过歇斯底里的情绪发泄、不断地追问指责来确定自己对关系的掌控，确认自己不会被抛弃，以此缓解自己在亲密关系中的不安全感。但事实上，她的这种行为方式只会让亲密关系变得更紧张。

除此之外，迫害者往还有一个共同点，那就是低自尊。研究表明，低自尊的人对他人的行为特别敏感，思维很容易陷入怀疑和猜忌的泥潭。王丽可能在亲密关系中感受到自己的价值不被认可，因此不断试图用质问和指责的方式来让李伟"乖乖就范"。但理智的人都能看得出来，这种做法无异于火上浇油，因为她的行为不仅没有让关系变得更好，反而极大地打击了李伟的自尊心，让李伟越来越想逃跑。

王丽的控制欲也体现在她试图纠正和改变李伟的行为。她不断质问李伟，试图让对方的行为方式符合自己的期望。这样的行为不仅削弱了李伟的自主性，还可能导致亲密关系中的权力失衡。而权力失衡通常是感情破裂的开始，因为它会让一方感觉自己在关系中受到了压制。

所以，当你在亲密关系中感到对方控制欲过强，或者自己的控制欲过强时，一定要停下来，认真反思一下，看看到底是低自尊在作祟还是内心深处那个长不大的小孩在使坏。亲密关系应该以相互理解、相互尊重为前提，本没有那么多的是非对错，也不应该存在东风压倒西风或者西风压倒东风之类的控制问题。记住，这种持续的质问和指责可能会让爱情变成一场疲惫不堪的拉锯战，最终把关系拉向破裂的边缘。

迫害者自救指南

解决迫害者行为，需要从多方面着手。

首先，王丽需要认识到自己的行为对伴侣和亲密关系产生的负面影响。通过开诚布公的沟通交流，逐渐理解双方的需求和期望，尝试采用其他模式和伴侣相处，减少对指责、质问、控制等行为模式的依赖。也可以试着培养自己的兴趣爱好，拓展人际关系，积极参加社交活动，而非将全部注意力都放在李伟身上。

其次，王丽需要学着建立并维护个人边界。我们必须认识到，在亲密关系中，每个人都需要有属于自己的独立空间和自由。尊重伴侣的自由和独立空间，可以有效缓解亲密关系中可能发生的冲突和紧张状态。

最后，如果王丽觉得自己的行为背后有更深的心理问题，可以考虑寻求专业的心理咨询或治疗。这不仅能帮助她处理早期的情感创伤，还能教她如何建立健康的亲密关系。专业的咨询和治疗可以帮助王丽更好地认识自己，掌握与伴侣沟通的技巧，避免通过控制和指责的方式来表达自己的诉求。

需要说明的是，千万不要在亲密关系中随意对伴侣进行身体或者精神上的迫害。如果在亲密关系中遭受到了身体或者精神上的伤害，首先要做的事就是远离威胁自己生命安全的人；其次就是求助，可以向警方求助，也可以向朋友求助。女性还可以向当地妇联求助。必要时，记得用法律武器保护自己。

第四节 ● 自尊心：
亲密关系的"幕后导演"

自尊心：人的坚硬盔甲

人类是一种奇怪的物种，既可以发挥聪明才智造出火箭，在广袤的太空中探索宇宙的秘密；也可以在大街上认错人，和陌生人打招呼，然后在尴尬中挤出一丝微笑。这种微妙的心理变化，离不开自尊心的参与。所以说，自尊心真是一种十分奇妙的东西。

自尊心就像一个摇摆不定的秋千，有时你觉得自己高得要飞出地球，有时又觉得被一盆冷水从头到脚浇了个透。比如，当你熬夜做出了一个方案，信心十足地交给领导，结果领导扫了几眼，说："方案不错，但就是跟我的想法完全背道而驰。"你的自尊心瞬间跌入了无底深渊，然后你或许会默默地走向冰激凌柜台，点上一份巧克力圣代，试图用甜蜜来填补自尊心的空洞。

不过，你要是只把自尊心当成帮我们抵挡外界打击的情感缓冲器，那未免小看了它。自尊心还是一种内在的力量，帮助我们在面对挑战时不至于被打倒。它能让你在职场中受挫时，站起来继续前行；在感情中受伤时，依然保持微笑。自尊心，就像是一副坚硬的盔甲，保护我们免受生活里各种明枪暗箭的攻击。

自尊心和自我认同关系密切，就像一对形影不离的双生子。自尊心高的人通常对自己的身份有清晰的认识，他们知道自己是谁，喜欢什么，不怕在众人面前展示真实的自我。而自尊心低的人就不一样了，他们可能会因为同事的一句玩笑话整整一天坐立不安，总想着："他到底是什么意思？""是不是在暗示什么？""我是不是哪里做错了？"这种内心的不确定和过度分析揣测，简直能把人逼疯。

停止与他人进行比较，是建立自尊心和自我认同的关键。想象一下，如果每个人都去和NBA球星比跳跃能力，那大家肯定都会觉得自己简直像一只根本离不开地面的企鹅。自尊心的建立在于认可自己的独特性，而不是试图成为别人的影子。不要让别人的成绩成为你的标尺，否则你只会觉得自己像一块用不合格材料做出来的砖头。

自我认同的形成过程就像是在寻找失落的地图。现在，闭上眼睛，认真回想一下小时候，做哪些事会让你心无旁骛并由衷地开心，是画画、弹琴，还是跑步？这些兴趣爱好是自我认同的重要组成部分，它们就像你内心的指南针，帮助你在成年后找到自己的方向。只是，随着年龄的不断增长，社会期望和各种责任可能会把你引向错误的方向。就像你原本驾驶着一辆汽车，清楚地知道自己要开往何处，半路拉上了几个人，他们却告诉你，你的目的地错了，更有甚者，会让你让开，由他来驾驶你的人生之车。这个时候，你要做的就是找回自己的人生方向盘，重新回到自己的路线上。

当自尊心受到打击时，恢复的过程可能会花费一段时间。这就像是给情感打了一针麻药，起初必然会感觉失灵，变得麻木，但随着麻药效力退去，你就会发现有不少方法可以帮助自己恢复自尊和自信。比如，每天早上对着镜子说："今天的我比昨天更棒！"一开始可能觉得自己很傻，但随着时间的推移，你可能真的会相信这些话，这就是积极自我暗示的力量。

另外，要学会接受自己的不完美。当你意识到每个人都是独一无二的，犯错也是生活的一部分时，你就不会再因为一些小问题而不断自责了。这就像是给自尊心装上了防护罩，保护它不受小风小浪的影响。要知道，自尊心低的时候，你会觉得自己像个高空杂技演员，随时会掉下来；但当你接受自己的不完美时，你就从半空着了地，觉得没什么大不了，心里也能踏实很多。

自尊心不仅关乎个人，还影响着我们的人际关系。当你拥有健康的自尊心时,你会发现自己更容易与他人建立深厚的关系,因为你不再为了迎合别人而改变自己。你可以在社交场合中自信地交谈,找到真正和你志同道合的人。甚至在感情中,你也会更坚定,不再为了取悦对方而不断妥协。

最终,自尊心和自我认同是情感健康的基石。它们帮助我们在生活的风暴中保持稳定,让我们在感情中找到自己的方向。在建立自尊心的过程中,关键是停止与他人比较,找到自己的兴趣,并接受自己的不完美。而在建立自我认同时,最重要的是坚持自我,不要被外界的喧嚣所左右。通过这些努力,我们可以逐渐培养出坚强的自尊心,成为独立且活力满满的人。

高自尊:美满和谐的亲密关系的"导演"

在恋爱的世界里,自尊就像是一台情感 GPS,指引我们选择的方向。如果你自尊心高,那你就不会轻易妥协,选对象也会比较有底气。反过来,如果自尊心不足,你可能会在感情中被动得像块海绵,任人压榨。让我们通过小雪的故事,看看自尊是如何在爱情里发挥作用的。

小雪外表平和,内心坚强,是个自尊自爱的独立女孩。上大学后,小雪遇到了小杰,一个聪明又温柔的男孩。小杰不仅有同情心，而且他的许多观点和小雪惊人地相似。两人第一次约会是在一家安静的咖啡馆，感觉就像在拍爱情电影一样。小雪一边喝咖啡一边告诉小杰："真正的爱情应该让双方都感到自由和被尊重，而不是束缚和牺牲。"小杰听完后眼睛都亮了："我也是这么想的！"于是，两人聊了一个下午，感觉就像找到了自己失散多年的另一半。

随着时间的推移，小雪和小杰的关系变得越来越稳固。小雪在一家设计公司当项目经理，而小杰则在一家非营利组织工作。虽然工作都很忙，但他们总能找到时间享受生活的"小确幸"。不过，随着小雪的事业发展，她开始需要经常出差，这对两人的关系是个挑战。有一次，小雪要去国外出差两个月，小杰心里有点不舒服，他担心距离会让两人的感情变淡。

于是，在一个周末的晚上，小杰对小雪坦诚道："我知道你的事业很重要，我也永远支持你。但这次你要离开两个月，我真的有点怕，怕我们之间会有距离。"小雪听后，温柔地抓住小杰的手说："杰，我理解你的担忧，但你要相信，我的心永远和你在一起，无论我去哪儿。"接着，他们商量出了一套应对方案，决定每天至少视频通话一次，无论多忙，都要分享彼此的日常。这样的方式让他们之间的联系更加紧密了。

小雪的自尊心让她懂得如何在坚持自我和维护关系之间找到平衡，而小杰的理解和支持也让这段关系更加坚固。正是因为两个人能够真诚沟通，并愿意共同努力，他们才能克服工作和距离带来的挑战。

这个故事告诉我们，高自尊在亲密关系中扮演着重要角色。高自尊的人更容易建立平等、健康的关系，因为他们知道自己的价值，不会轻易妥协，也不会通过强行改变对方的方式来获得安全感。而低自尊的人可能因为觉得自己不配得到更好的而选择容忍伴侣的不良行为，甚至在恋爱中变得依赖或过度理想化对方。

所以，如果你想在爱情里找到平衡，首先要确保自己的自尊心不能太低。通过真诚的沟通和彼此支持，你可以构建持久且满意的关系。而如果你发现自己的自尊心有点低，不妨多看看像小雪和小杰这样的例子，学学他们如何在爱情里找到自信和稳定。

低自尊：危机重重的亲密关系的"导演"

小丽的童年并不温暖，父母的忽视和无情批评不断给她的内心深处埋下阴影。小丽的家庭总是期待她成为完美的孩子，但无论她怎么努力，似乎永远达不到父母的标准。于是，她开始相信自己不配得到爱和尊重。她每日战战兢兢，生怕惹怒了父母，她像一个每天都在走钢丝的演员，随时担心自己会掉下来。

在大学里,小丽遇到了杰克,一个外表英俊、口齿伶俐的男生。刚开始,杰克的甜言蜜语和浪漫举动让小丽感受到了久违的关注和温暖。她觉得终于有人能看到她的好,甚至觉得自己可能真的值得被爱了。然而,随着时间的推移,杰克的真面目逐渐显露。他开始无视小丽的感受,有时候还会在朋友面前贬低她。小丽觉得爱情就像是一颗包着糖衣的苦药,外表看起来不错,里面却是苦的。

有一次,小丽和杰克参加了一次聚会。在朋友面前,杰克嘲笑小丽的穿着,称她"土气"。小丽的心里咯噔一下,但她的低自尊让她选择了忍受。她用笑容掩饰内心的波澜,对周围的人说:"他只是开玩笑。"你能想象这是一种什么样的感觉吗?自己明明快要被沼泽吞没了,还要故作镇定地自我洗脑说:"没事,是沼泽在跟我开玩笑。"

小丽的好友苏苏注意到了这一切,她觉得不能再让小丽继续这样下去。在一个安静的咖啡馆里,苏苏问小丽:"你为什么要容忍杰克这样对你?"小丽沉默了,她的眼神里充满了迷茫和不安,仿佛苏苏的问题是她不敢直视的真相。她低声回答苏苏的问题,声音中带着一丝颤抖:"我不知道,我总觉得如果我不忍耐,就会失去他。而且,也许我真的不值得更好的。"这句话揭示了小丽内心深处的恐惧和自我怀疑,她觉得自己只能接受这些不公平的待遇。

小丽的故事深刻地展示了低自尊是如何影响一个人在恋爱中的行为和决策的。童年时期一再被打压、极少被认可的经历让她相信自己不够好，这种信念影响了她的自尊心和自我认同。她对杰克的容忍，不仅是因为她害怕失去他，更是因为她打心眼里认为自己不值得更好的。这种内心深处的自我贬低，让她在恋爱中变得依赖并过度理想化对方。

如果小丽的故事让你产生了共鸣，可能是因为你在成长过程中经历过某种程度上的自尊摇摆。高自尊的人会在恋爱中更倾向于建立平等、健康的关系，因为他们自尊自爱，并且清楚地知道自己值得被尊重和爱护。而低自尊的人则可能容忍伴侣的不良行为，因为他们觉得自己没有资格要求更多。

改变低自尊状态最重要的做法就是直面内心深处的恐惧和不安，而非通过其他方式掩盖自己的恐惧和不安。小丽的故事告诉我们，如果你觉得自己在恋爱中像是在走钢丝，常常惴惴不安，那么或许你应该重新审视一下自己的自尊心。通过客观、理性地回顾自己的童年经历，弄清楚自己小时候不被接受并非因为自己不够好，逐渐学会认可自己，逐步建立良好的情感选择。毕竟，爱情本该是让人感到幸福的，而不是一场不断寻求认可的自我折磨。

自尊自爱，发现更好的自己

在恋爱的舞台上，自尊就是一个"幕后导演"，他决定着我们在这场情感大戏中扮演什么样的角色。自尊水平的高低会对恋爱产生显著影响，决定我们的爱情旅途是轻松愉悦的还是胆战心惊的。那些在恋爱中时常觉得自己像一只无头苍蝇到处乱飞的人，极有可能是因为自尊的烛光过于微弱。

自尊不仅是我们对自己的看法，还深刻地影响我们与他人互动的方式。高自尊的人在亲密关系中往往表现得更加自信和独立，他们相信自己值得被爱和尊重。这种信念让他们在面对恋爱的挑战时更能保持冷静，就像是情感世界里稳重的老水手，即使风浪再大，也能稳住船舱。而低自尊的人则容易在恋爱中表现出更多的不安全和依赖行为。他们时时刻刻都被危机感包围，只有不断得到伴侣的确认和接纳才能稍稍心安，就像是一块永远充不满电的电池。

高自尊的人更擅长维持平衡、健康的亲密关系，而且倾向于寻找那些能够互相尊重和支持的伴侣。这样的关系就像一场优雅的舞蹈，双方都能找到自己的节奏，共同进退。而低自尊的人则容易在恋爱中陷入情感的泥潭，他们内心的不安全感让他们极度渴望伴侣的关注。一旦伴侣稍有疏忽或批评，他们就会过度解读，觉得自己可能不再被爱，情绪也会跟着剧烈波动。这种过山车般的感受不仅会把自己弄得疲惫不堪，还会让伴侣感觉压力很大。

依恋理论是理解自尊与恋爱脑之间关系的一个有力工具。根据这一理论，安全型依恋的个体往往在童年时期获得了足够的关爱和支持，这让他们在成年后的亲密关系中表现得更加稳定。就像一棵根系发达、深深扎根于大地的大树，就算遭遇风吹雨打，也不会轻易动摇。而焦虑型依恋以及回避型依恋的个体则会因为童年时期的不稳定关爱，发展出较低水平的自尊，这可能让他们在恋爱中表现得过于紧张，或者干脆保持距离，不敢深入。

如果你觉得自己在恋爱中总是情绪波动比较大，背后可能是自尊心在捣乱。高自尊的人内核稳定，对自己有着客观清晰的认知，不会因为他人的评价或行为轻易破防，往往能够直面挑战并直接表达情感需求；低自尊的人在恋爱中则可能表现得像一颗情感炸弹，随时都有爆炸的可能。

自尊的培养是一个循序渐进的过程，就像是在心里建造一座坚固的房子，客观评价自己的价值是建造这座房子的地基。拒绝不合理的批评并选择与那些能够尊重我们的人合作，都是在为这座房子的建造添砖加瓦。唯有如此，我们才能在恋爱的舞台上，自信地扮演好自己的角色，而不是任由自尊像微弱的烛光一样随风摇曳，随时面临着熄灭的危险。

总而言之，自尊在恋爱中扮演着至关重要的角色。如果你觉得自己的恋爱时常"断线"，那么可能需要认真检查一下自尊心是否得到了足够的关注。通过了解低自尊形成的原因，培养自己的自尊心，一定可以在恋爱中找到稳定的自我，避免陷入情感的迷宫。记住，恋爱不仅是风花雪月，还是一场自我发现的旅程，只有在自尊的引导下，我们才能真正找到爱的方向。

直面真实的自己

接下来一共有 10 个句子，是用来了解你是如何看待自己的。请仔细阅读每一句话，选择最符合你的情况的选项。请注意，这里要回答的是你实际上觉得自己怎样，而不是回答你觉得自己应该怎样。答案没有对错、好坏之分，按照最真实的情况作答，才能了解最真实的自己。

1. 我感到我是一个有价值的人，至少与其他人在同一水平上。

A. 非常符合　B. 比较符合　C. 比较不符合　D. 很不符合

2. 我感觉我有许多好的品质。

A. 非常符合　B. 比较符合　C. 比较不符合　D. 很不符合

3. 归根结底，我倾向于觉得自己是一个失败者。

A. 非常符合　B. 比较符合　C. 比较不符合　D. 很不符合

4. 我能像大多数人一样把事情做好。

A. 非常符合　B. 比较符合　C. 比较不符合　D. 很不符合

5. 我感觉自己值得自豪的地方不多。

A. 非常符合　B. 比较符合　C. 比较不符合　D. 很不符合

6. 我对自己持肯定态度。

A. 非常符合　B. 比较符合　C. 比较不符合　D. 很不符合

7. 总的来说，我对自己是满意的。

A. 非常符合　B. 比较符合　C. 比较不符合　D. 很不符合

8. 我希望我能为自己赢得更多尊重。

A. 非常符合　B. 比较符合　C. 比较不符合　D. 很不符合

9. 我确实时常感到自己毫无用处。

A. 非常符合　B. 比较符合　C. 比较不符合　D. 很不符合

10. 我时常认为自己一无是处。

A. 非常符合　B. 比较符合　C. 比较不符合　D. 很不符合

下面的表格是每个句子和每个选项的对应得分，比如，第一题如果选择 A 选项，那么就计 4 分。你把自己的得分钩出来，计算一下总分吧！

	A	B	C	D
第1题	4	3	2	1
第2题	4	3	2	1
第3题	1	2	3	4
第4题	4	3	2	1
第5题	1	2	3	4
第6题	4	3	2	1

续表

	A	B	C	D
第7题	4	3	2	1
第8题	4	3	2	1
第9题	1	2	3	4
第10题	1	2	3	4

答案揭晓！这10个句子组合在一起构成了自尊量表，一般用于测量自我价值和自我接纳的总体感受。得分越高，代表着自我价值感和自我接纳度越高；反之，得分越低，则代表着自我价值感和自我接纳度越低。

测量是为了更好地了解自己，就算得分低也没什么，接下来我们会提供一系列切实可行的方法，让你提高自我价值感，和恋爱脑说拜拜，做生活的主人，做独立的女人！

第三章
告别恋爱脑，认清爱情的真相

第一节　真实的爱，在风花雪月之外

当人们谈论爱情的时候，总喜欢说它像糖果一样甜、像电影一样浪漫，仿佛只有风花雪月，没有柴米油盐。但真实的爱情就像一座由信任、尊重、诚实、支持和深层情感联结构成的坚固桥梁。它不仅需要各种浪漫的瞬间，还需要面对现实的考验。就像李娜和王涛，他们坐在公园的长椅上，享受着微风和大自然的宁静。然而，在这和谐美好的景象之下，却隐藏着一些小小的烦恼。

最近，李娜的心情有点烦躁，因为她觉得王涛好像变了。他不再像以前那样开朗，话也少了，常常以"工作忙"为借口，对她爱搭不理，甚至短信不回、电话不接，玩消失。这让她感到有点疑惑。李娜是个活泼开朗的女孩，她喜欢和朋友出去玩，分享她的新发现、新想法。她总是想和王涛讨论生活的点点滴滴,但他好像已经不感兴趣了。

王涛是个稳重的男人,在一家科技公司工作。虽然职位不高,但他一直在努力往上爬。他觉得自己的责任就是为两个人的未来打拼,所以他经常加班。他以为这样可以给李娜一个更好的生活,或许以后能住上豪宅,开上豪车。但他没意识到,李娜需要的不仅仅是物质上的保障,还有情感上的支持和陪伴。于是,双方对爱情的需求和目标产生了错位。

这天下午,李娜终于鼓起勇气,决定和王涛谈谈她的感受。他们坐在公园的长椅上,风轻轻吹过,带来一丝凉意。她转过头看着王涛的侧脸,他的眉头微微皱起,眼睛盯着远处的湖面,仿佛在计算工程公式。李娜小心翼翼地开口说道:"王涛,我感觉你最近有点冷淡。是不是工作太忙了?"

王涛转过头,笑了笑,但那笑容有点僵硬。他用轻松的语气回答:"嗯,最近项目很紧,我确实有点累。不过,没事,一切都会好的。"这话听起来更像是在安慰自己,而非和李娜交流。

李娜试图让谈话轻松一点,她努力保持微笑,问道:"那你觉得我们最近的关系怎么样?我感觉你有点远离我。"她的语气很轻,但王涛听出了其中的担忧。

王涛犹豫了一下,然后回答道:"可能是我最近工作压力大吧,真的没有太多时间陪你。不过,别担心,我会调整的。"这个"调整"听起来像是给车子换个零件,但没有明确的行动计划。李娜心里仍然有些不安，她觉得自己像是坐在一艘没有方向感的船上。

她低头看着自己的手，指尖轻轻敲打长椅的扶手。她想，这些对话是他们关系的一部分，而这些对话也揭示了他们之间的信任、尊重、诚实和支持的问题。她知道，如果他们不能面对这些问题，关系可能会变得更加紧张，甚至最终走向分裂。

这个故事展示了亲密关系中可能出现的沟通障碍和情感距离。有时候，两个人可能会走向不同的方向，一个人觉得努力赚钱是最重要的，而另一个人则需要更多的情感交流和陪伴。通过李娜和王涛的互动，我们可以看到信任和诚实在亲密关系中的重要性，还可以看到当这些核心要素面临挑战的时候，关系或许已经走入了困境。

从这个故事中我们也可以发现，真实的爱情不仅仅是玫瑰花瓣和浪漫晚餐，更是一起面对生活的挑战。当信任和尊重受到威胁时，沟通就变得尤为重要。否则，再美的公园风景也无法弥合彼此之间的距离。

真实的爱是一种深层的情感联结

如果把爱情比作一辆汽车，那么爱的核心要素就是制造这辆汽车的零件，缺少其中任何一个都会导致爱情汽车抛锚。信任、尊重、诚实、支持和深层的情感联结是爱情这辆汽车的最基本、最核心的零部件，也是保持健康关系的关键。让我们以李娜和王涛的故事为例，来看看这些核心要素是如何在爱情关系中发挥作用的。

信任是爱情的基石，就像汽车的引擎，缺少了信任这个零件，即便其他零件再精密也无法让爱情汽车发动运行。信任让我们可以毫无顾虑地分享内心的真实想法和感受，可以让我们毫不怀疑地把自己的后背交给对方，而不用担心对方会在背后捅刀子。根据心理学家约翰·鲍尔比的依恋理论，信任是通过稳定和一致的互动建立的。可如果一方在关系中变得不稳定，信任就会受到威胁。就像李娜和王涛，他们之间的信任显然出了问题。王涛最近工作压力大，和李娜的沟通越来越少，还时不时玩"失联游戏"，这让李娜觉得他是不是有了"外心"。她开始疑惑，甚至怀疑自己是不是做错了什么。

尊重是爱情汽车的方向盘，决定着爱情汽车的行驶方向。如果没有尊重，这辆车就很可能会撞上权力不平衡的"墙"，甚至可能出现情感虐待的情况。心理学家卡尔·罗杰斯的人本主义理论指出，尊重是建立平等关系的基础。在李娜和王涛的关系中，尊重危机是显而易见的。王涛在工作忙碌时总是忽略李娜的需求，仿佛她只是个路过的行人，而不是他生命中的重要角色。这种忽略让李娜觉得自己像是一个随时会被排除在关系之外的局外人，她希望王涛能多考虑一下她的感受，尊重她的需求。

诚实是爱情汽车的变速箱，它让爱情汽车在不同阶段保持顺畅。心理学家亚伯拉罕·马斯洛的需求层次理论强调，诚实是建立信任的前提。如果缺少诚实，这辆车就可能卡在某个齿轮上，最终停滞不前。在李娜和王涛的沟通中，诚实是个问题。王涛因为工作压力，没有完全向李娜坦白他的感受，而李娜也因为害怕冲突，没有直接表达她的担忧。就像两个人在开车，一个踩油门，一个踩刹车，这辆车不仅会在原地打转，甚至有翻车的风险，根本没法继续前进。

支持是爱情汽车的悬挂系统，它确保了爱情汽车在颠簸的道路上有一定的缓冲，保证爱情汽车的舒适性。支持不仅是情感上的安慰，还包括实际行动上的帮助。根据心理学家卡尔·罗杰斯的理论，支持是建立深层情感联结的重要部分。在李娜和王涛的关系中，支持似乎缺失了。李娜需要王涛在她需要的时候给予支持，而王涛因为工作压力，难以提供这种支持。他们的爱情关系因此变得像一辆没有减震器的汽车，每个小颠簸都会让他们觉得十分不舒服。

深层情感联结是爱情汽车的油箱，储存着两人共同的经历和情感，为爱情汽车提供源源不断的动力。心理学家丹尼尔·戈尔曼的情感智力理论认为，深层情感联结是关系持久的关键。在李娜和王涛的关系中，这种情感联结似乎在逐渐消失。王涛忙于工作，和李娜的互动越来越少，而李娜也因为缺少沟通而感到孤独。就像一辆车没有了油,只能越跑越慢,然后缓缓停滞不前。

为了巩固爱情关系,李娜和王涛需要共同努力,就像修理一辆出了故障的汽车。他们可以通过开放的沟通、积极的互动和共同的活动来重建信任、尊重、诚实、支持和深层的情感联结。一次长途旅行、一次真诚的对话,或者一顿浪漫的晚餐,都是修复爱情汽车的好方法。最重要的是,他们需要明白,爱情需要持续不断的共同维护,就像汽车需要定期保养,否则哪天爱情汽车抛了锚,他们就只能在情感的荒野里尴尬地等待救援。

恋爱是一场双人舞:合作才能共赢

如果说恋爱是一场双人舞,那么共鸣与合作就是保证舞步和谐统一的必要因素,只有共鸣与合作才能把舞跳得漂亮。很多人把恋爱想象成一场浪漫电影,两位主角在雨中奔跑,终于在桥上湿漉漉地拥吻。然而,现实的恋爱更接近于两个人在家具城挑选沙发,不仅要共同决定购买哪一款,还要一起面对组装家具过程中出现的各种挑战。接下来,就让我们一起看看共鸣与合作是如何帮我们把恋爱这场双人舞跳得漂亮的吧!

建立共鸣的秘诀在于了解彼此的世界观。这不是说你们必须在所有事情上意见一致,毕竟世界上没有两片完全相同的树叶，所以也就不存在两个完全一样的人。了解对方的目的在于知道并尊重不同，理解并接受差异，而不是试图将对方塑造成另一个你。比如，你喜欢喝咖啡，而对方偏爱喝茶。在认识上要知道并理解，这只是生活方式的不同选择，不存在谁比谁好或者谁比谁高贵的价值评价。在生活上要尊重并接受，周末闲暇，你可以磨一杯咖啡，对方可以沏一壶茶，两个人聊一聊这种偏好是怎么形成的，不知不觉就完成了一场自我探索和感情沟通。

共鸣也包括共享情感体验。这意味着当你的另一半在看足球比赛时激动得跳起来庆祝进球时，即使你对足球一窍不通，也可以一起分享那份喜悦。你可能对足球的规则完全不了解，但你可以对他的高兴微笑，甚至用力鼓掌。共鸣并不是说"我完全懂你"，而是说"我在努力理解你，并且我在这里支持你"。想象一下，如果你正在家里读一本小说，而对方在一旁看足球，结果因为一个进球而兴奋不已、欢呼雀跃，不小心把你手中的书给拍掉了。这个时候，你会怎么做呢？或许你会略显不快，因为对方影响了你，但是对方的激情并非不可理解，想必你肯定不会怪他吧？既然如此，为何不冲他笑一笑，说："亲爱的，看见你这么高兴我也很开心。可我的精神食粮还在地上趴着呢，你能帮我捡起来吗？"这样一来，原本各干各的两个人，就有了一次情感上的共鸣。所以，共鸣的关键在于理解对方的激情。

恋爱中的合作艺术，则是关于分担责任和有效沟通。合作意味着分担生活中的各种责任，从家务到决策，从理财到育儿。这不是指一种机械的"我洗碗，你扫地"的分工，而是一种更深层次的合作，比如，共同决定家庭预算或者一起策划未来的假期。如果每次计划假期都只有一方在熬夜搜索，而另一方在旁边吃零食，这显然是不公平的。合作还需要有效沟通，这不仅仅是谈论天气，更关乎冲突时保持冷静，表达自己的需求和感受，同时也倾听对方的声音。

实践共鸣与合作可以通过共同的兴趣和活动来实现。一起做事是增强共鸣与合作的最直接的方式。无论是一起散步还是一起烘焙，你们都可以通过共同的兴趣来增强情感联结。当然，如果你对烘焙丝毫没有兴趣，而对方却十分狂热，那么或许你们可以进一步探索出一些双方都喜欢的活动。想象一下，如果你正在努力为一个蛋糕裱花塑型，而对方却一直说："这有什么意思，费时费力，还不如直接买呢！"那么你的热情肯定会一下子被浇灭一半吧！相反，如果你们一起出去散步，边走边聊天上的云，路边的花，那么你们的关系必然会更加稳固。

亲密关系中的真正合作在于共同面对生活中的挑战。这可能是一起搬家，甚至一起组装家具。组装家具很有可能是对亲密关系的一大考验，因为那些看似简单的步骤可能会引发一场小型家庭战役。当你拿着说明书，而对方固执地强调他不用看说明书也知道如何组装时,你们的合作就会面临挑战。如果你们能通过合作把一堆散落的螺丝和木板组装成一个完整的沙发,那么你们之间的合作默契就已经通过了考验。

当然,合作中的陷阱也需要避免。过度依赖可能导致一方承担过多责任,而另一方则失去独立性。这就像一个人负责所有家务,而另一个人却只负责找借口。合作是两个人共同努力,而不是一人扛着整个世界。此外,缺乏沟通可能导致合作失去平衡,最终走向误解和分歧。想象一下,如果你们在组装家具时都不说话,最终可能会组装出一个"看起来不错但根本没法坐"的沙发。

在恋爱中,共鸣和合作是关系的核心。通过有效沟通、分担责任以及共同应对挑战,你们可以创造出一种既有活力又有深度的关系。这种合作精神将会帮助两个人共同成长,让你们在人生这条漫长的旅途中一同前行,偶尔还能回忆一下关于两个人成功组装一套家具的成就感。

第二节 ▶走出误区，认清四个爱情真相

爱情真相一：不被爱是常态，被爱才是偶然

当你在看爱情剧的时候，是不是会不由自主地把自己代入女主角，没准还会产生"如果我是她，面对这么多追求者，到底该选哪一个"的困扰？这就像大部分人小时候难免有那么一个时期，总是纠结自己考大学的时候该选清华还是该选北大一样。不过，随着年龄的增长，绝大多数人会发现，自己这种烦恼真的是庸人自扰，因为选清华还是选北大只是佼佼者的困扰，而奋斗在考上大学、考上本科的战场上的自己，根本没有产生这种困扰的资格。

其实，爱情也一样。恋爱中，最难接受的一个真相或许就是：不被爱是常态，被爱才是偶然。遇到真爱的概率或许不比中彩票高多少。可为什么大多数人普遍很难接受这样一个简

单的事实？也许是因为我们从小被灌输了太多关于"爱情永恒"的童话。不过，随着思想的成熟，我们该意识到，现实往往比故事更复杂。

在一个寒冷的冬日傍晚，杨丽华坐在咖啡馆的角落里，手捧一杯热咖啡，窗外的霓虹灯在闪烁，映照出她略显疲惫的面庞。寒风呼啸，城市的喧嚣也无法驱散她心中的孤独。她的男友李峰在她生日的前一天提出分手，就像一阵突如其来的暴风，把她的世界搅得天翻地覆。

丽华原计划在生日派对上送给李峰一件自己精心挑选的衬衫，现在这件衬衫成了她面前的一块丢不掉的石头，提醒她所有的努力和付出最终都成了泡影。她觉得自己的世界在瞬间崩塌，就像电影放映时突然停电了一样，她心中一片黑暗，连喝一口咖啡都觉得没了胃口。

她的好朋友周小玉，一个活泼开朗的女孩，坐到了她对面。小玉一向擅长开导人，她看着桌上的衬衫，叹了口气："丽华，你别难过。李峰这样的家伙，不懂得珍惜你，那他自己活该孤独一辈子。"小玉的话带着几分幽默，试图让丽华振作，但她的眼眶还是有些湿润。

丽华想起自己过去几个月为了这段感情做了多少努力。为了让李峰开心，她总是尽力满足他的每一个愿望。现在，她不由得质疑起了这一切，觉得自己像一个被无情抛弃在半路上的人。"为什么总是我在努力?"她终于开口,声音里满是无奈,"为什么每次都是我在牺牲,最后却什么也得不到?"

小玉看着丽华,眉头微皱。她轻声说道:"丽华,你要知道,不被爱是常态,被爱才是偶然。你不能总是把自己的价值寄托在别人身上,这样你会很累的。"丽华沉默了,她开始意识到自己似乎一直对爱情有所误解:一直以来,她都觉得爱情是生活中的必需品,人人都能拥有;可现在,她隐约觉得,爱情似乎是奢侈品,能拥有爱情的人,注定是少数。

在恋爱的课堂上,这一课最难接受,却最重要:人际关系的变化是正常的,恋爱关系本身就不可能一成不变。丽华把自己的幸福寄托在别人身上,而这个"别人"可能随时会改变主意,像一个风向标,随着风向摇摆。丽华需要学会在不确定性中找到稳定,她需要重新定义自己的价值,而不是把它放在别人手中。

社会和文化对爱情的定义也会影响我们的自我认知。我们看过太多浪漫电影,听过太多爱情歌曲,觉得爱应该是持续不断的,但现实生活可没有这么多配乐和美颜滤镜。丽华可能从小就被这种社会期望所影响,觉得爱情就是所有问题的答案。她需要学会,真正的爱是一种偶然,值得感激,而不是一种可以拿来炫耀的勋章。

当杨丽华经历了李峰的突然离开,她开始反思自己在恋爱关系中的行为和态度。她发现自己过度依赖他人的情感反馈，把自我价值完全寄托在恋爱关系上。这种过度依赖让她在关系中感到焦虑和不安，一旦关系破裂，她的自我认知也随之崩溃。这告诉我们，情感的自我认知是十分重要的，不仅可以帮助我们建立健康的恋爱关系，而且可以提高个人的自尊和独立性。

不被爱是常态，被爱才是偶然。如果我们能明白这一点，就会用更平和的心态去面对感情的起伏，也会更加珍惜那些真正值得的人。爱情就像一场旅行，有时风景美丽，有时道路曲折，但最重要的是，你得学会自带阳光，而不是指望别人带给你。

在这段关系中，丽华把自己的价值放在了对方身上，认为爱情是衡量自我价值的唯一标准。但随着李峰的突然离开，她开始意识到，爱情可能并不是她想象中的那样。

心理学研究表明，情感自我认知与自我价值感紧密相连。如果一个人觉得自己的价值全靠他人的认可，那么他在恋爱关系中就容易患上"情感摇摆症"，每天都在焦虑和不安中度过。丽华就是这种情况的典型案例，她总是试图取悦对方，像在演一场名为《讨好你的一百种方式》的情景喜剧。结果呢？还是遭遇了分手危机。

为了走出困境，直面爱情真相，丽华开始寻求专业的帮助。她决定参加一些情感教育工作坊，阅读情感类书籍，甚至尝试心理咨询。通过这些方式，她开始理解健康的恋爱关系基于相互尊重和理解，而不是一方的牺牲和依赖。丽华也开始学会建立边界，不再让别人轻易跨越她的"私人领地"。这就像她给自己拉起了一条"情感警戒线"，警告那些想要随意进入她心灵的人。

在这个过程中，丽华读到了苏珊·福沃德的《情感勒索》，这本书简直是她的情感指南。书中提到，情感勒索是一种利用情感上的操控来达到目的的行为，丽华一下子明白了自己过去的错误。她开始学会如何识别和避免这种情感勒索，不再让自己成为被情感所绑架的人。

最终，丽华通过情感教育找到了自己的方向。她不再把爱情当作唯一的价值来源，而是通过自己的兴趣和成就来建立自尊。她不再害怕失去爱情，因为她知道，真正的爱不是靠牺牲和讨好换来的，而是基于相互尊重的自由选择。

情感教育的过程看似漫长，却是丽华走向独立与自信的必经之路。她终于明白，自己的价值不应该由别人来定义，而应该由自己来塑造。情感教育给了她一种全新的视角，让她不再是那个总是取悦别人的人，而是成为自己生活的主角。丽华的转变就像一场情感革命，证明了每个人都有能力从依赖走向独立，只要你愿意踏出第一步。

爱情真相二：真爱是让双方成长，而非彼此消耗

恋爱不仅是怦然心动、娇艳玫瑰和粉色泡泡，它还是一所成长学校。两个人共同度过的时光，一起品尝酸甜苦辣，一起经历喜怒哀乐，其实也是在一起学习如何成为更好的人。恋爱可以让我们通过共同解决问题来获得心灵成长、学习新技能，进而改善彼此的生活。

一个阳光明媚的周末早晨，城市逐渐恢复了往日的喧嚣，王薇躺在床上，伸了个懒腰，感受着周末的宁静。她计划今天和男朋友李浩一起去公园踏青，感受春天的气息。不过，踏青之旅能否成行，尚未可知。

李浩是个雄心勃勃的家伙，最近他打算去读研究生，这意味着他可能要离开这座城市一段时间。对王薇来说，这就像气象台突然发布紧急预警，说很快就要有一场大风暴来临。她既为李浩感到高兴，因为这意味着他的梦想将成真；但同时也有点惴惴不安，担心这会让他们的关系变得像长途电话一样疏远。

王薇起了床，坐在餐桌前，手捧热茶，陷入了回忆：她想起了和李浩一起逛过的博物馆，一起去过的咖啡馆，甚至为了谁付账而闹的小别扭。那些美好时光在她脑中重现，仿佛是一次怀旧的电影展映。李浩离开后，这些快乐的时刻会不会消失？

她心里有点慌,陷入了两难:既不想异地恋,又不想成为那个阻碍伴侣追求梦想的人。

这时,手机铃响,是李浩。他说自己可能得离开几个月。他的声音听起来那么积极,就像要去参加一场世界巡回演唱会。王薇努力装得轻松镇定,嘴里回答着"没问题",心中却已惴惴……

这时,手机铃声再次响起,是朋友们邀请她周末聚会。她的第一反应是拒绝,因为她已经答应了和李浩一起过周末。但突然,她意识到,如果李浩真的要离开几个月,她或许应该多和朋友们在一起。她开始想,这是否是一个契机,让自己找到新乐趣、结交新朋友。

王薇拿着手机,手指在屏幕上徘徊。加入聚会意味着她得重新和李浩安排计划,但不去又会错过和朋友的欢乐时光。她觉得这就像要在一群"喵星人"和"汪星人"之间做选择,看上去简单,实际上超级困难。她陷入了深思,这个选择会不会影响她和李浩的关系?

就在纠结之际,她耳畔回荡起了李浩方才说过的话:"亲爱的,这可能是个挑战,但我相信我们可以一起面对。"王薇知道,她需要做出一个决定,一个可能改变她和李浩关系的决定。这不仅关乎周末的安排,更关乎她在这段恋爱关系中的定位。

这个故事描绘了王薇在面对人生重要决定时的矛盾和挣扎。她需要在保持恋爱关系的同时倾听自己内心的声音，这大概比学会煎蛋不粘锅还难。她感受到一种压力，要在自己的需求和伴侣的期望之间找到平衡，这感觉就像在玩高难度平衡木。这种情感冲突反映了在恋爱中实现平衡的复杂性，展示了每个人在情感成熟过程中可能遇到的挑战。

恋爱不仅是甜蜜的巧克力，也是一场认真的修行。在这段关系中，王薇学会了如何在支持李浩的同时，不失去自己。她开始理解，爱情不仅仅是一起看电影和吃爆米花，更是共同面对生活的挑战，并在其中找到自己的位置。王薇最终选择了去朋友的聚会，因为她知道，在恋爱中，保持自己的生活是非常重要的。她告诉李浩，她会支持他，但同时她也需要自己的空间。

通过这个故事，我们看到了恋爱的建设性作用。当我们学会了支持彼此、共同解决问题并相互学习时，恋爱关系会变得更加稳固。就像王薇和李浩，他们最终找到了属于他们的平衡点。虽然李浩离开了这座城市，但他们的感情更加坚定。这是一段关于成长和自我发现的旅程，也是关于如何在爱情中保持自己声音的故事。

恋爱关系中的情感成熟和关系优化是稳固感情的基础。王薇和李浩的故事展示了恋爱可以成为双方共同成长的旅程，但也可能带来挑战和消极影响。恋爱不仅是两颗心的碰撞，更是一场彼此学习、合作和成长的机会。

王薇在得知李浩即将离开城市读研究生后,选择了支持他的决定,这一选择展示了她的情感成熟。根据心理学家卡尔·罗杰斯的人本主义理论,恋爱关系中的积极互动可以促进双方的自我实现。王薇的支持不仅鼓励了李浩追求自己的梦想,也表明她愿意与伴侣共同面对未来的挑战。就像在一场双人滑冰比赛中,他们需要默契地配合,一起完成高难度的动作。

支持彼此的成长是恋爱关系的核心要素之一。通过鼓励对方追求自己的目标,双方可以共同成长。王薇与李浩通过设定共同目标、保持联系,来增强他们的关系。这种共同成长的策略不仅使他们的关系更加牢固,也为未来的成长奠定了基础。就像两棵树在同一片土壤中生长,虽然它们各自有枝有叶,但根基是相连的。

在恋爱关系中共同解决问题也是建设性作用的重要方面。当李浩告诉王薇他要离开城市去读研究生时,王薇没有选择消极对待,而是选择与他一起寻找解决办法。这种积极的态度就像把恋爱的摩托车引向正确的方向,让他们在面对挑战时,能够一起努力,共同前进。根据团队建设理论,共同解决问题可以增强合作精神,促进双方的理解。

王薇和李浩通过共同讨论和制订计划,来寻找解决异地恋问题的方式。无论是约定固定的通话时间,还是计划定期见面，这种合作不仅可以缓解王薇的焦虑，也能增加李浩对她的尊重。通过这种共同解决问题的方式，他们的关系变得更加坚固，仿佛给感情装上了稳定器，能够应对来自不同方面的挑战。

不过，恋爱虽然有一定的建设性作用，但也可能带来一些消极影响。王薇的故事反映了恋爱中的一些常见问题，例如，依赖、牺牲自我、忽略个人成长等。这些问题可能导致关系的不平衡和情感压力，就像在精心打造的积木城堡中塞进了一块不合适的砖，随时可能导致坍塌。

在李浩宣布要离开城市时，王薇表现出了一种依赖的倾向。她的焦虑可能源于对伴侣的过度依赖，就像一条总是绕着另一条鱼游泳的鱼。根据心理学家阿尔弗雷德·阿德勒的个体心理学理论，过度依赖可能源于自我价值感的缺失，导致在恋爱关系中难以保持独立。这种过度依赖不仅让王薇感到焦虑，也可能让李浩感到窒息。

为了避免过度依赖，王薇需要设定清晰的个人边界，确保自己在恋爱关系中不丧失自我。她可以通过继续追求自己的兴趣和爱好来减少焦虑，这样不仅可以保持自尊，还能让她和李浩之间的关系更加健康。就像为她的独立性打开一扇窗，能够呼吸到自由的空气。

在恋爱中牺牲自我也是一种常见的消极影响。当王薇考虑是否参加朋友的聚会时，她表现出了牺牲自我的倾向。她可能因为不想让李浩失望而忽略了自己的需求，就像在一场游戏中总是让对方赢，但最后自己却输掉了乐趣。这种行为模式可能导致她在恋爱关系中感到压抑。

为了避免牺牲自我，王薇需要学会表达自己的需求，并与李浩进行开放沟通。她可以通过建立合理的边界，确保自己在恋爱关系中保持独立。根据沟通理论，开放沟通可以减少恋爱关系中的冲突，促进双方的理解。就像在心灵之间架起桥梁，让沟通畅通无阻。

恋爱关系中的共同成长与个人成长是实现关系优化的关键。王薇和李浩可以通过共同参与活动，设定共同目标，促进彼此的成长。同时，王薇也需要确保她有足够的空间追求自己的成长。就像一幅画，两个人一起涂抹颜色，但每个人都有自己独特的笔触。

通过王薇和李浩的故事，我们看到了恋爱的复杂性。它既可以是相互支持、共同成长的旅程，也可能带来依赖等消极影响。在恋爱关系中，保持平衡、找到自我，是一门值得用心学习的艺术。通过相互尊重和共同成长，王薇和李浩最终一定能够克服困难，收获属于他们的幸福。

爱情真相三：互利互惠，爱情方能长久

在恋爱关系中，互利互惠原则就像一块甜蜜的巧克力，巧

妙地平衡了双方的付出和回报。如果一方总是付出，而另一方习惯了接受，这样的关系可能会失去平衡，最终导致情感上的疏离。

李佳和男朋友王翔的关系逐渐失去了平衡，王翔越来越依赖她，而她却感觉自己的角色似乎已经从女朋友变成保姆，需要为他解决所有的生活琐事。

那天傍晚，李佳站在公交车站，手里提着一个装满日用品的购物袋，这是她在回家的路上顺便帮男朋友王翔买的。她等公交车的样子有些局促和无所适从，就像一只迷路的小羔羊。人们都忙碌地朝着各自的方向走去，而李佳只是站在那里，仿佛在思考人生的大问题。

车站另一边，一群年轻人正热烈讨论着周末的计划。张萍是李佳的同事，她兴致勃勃地邀请李佳一起去郊游。李佳的心里有点儿小激动，毕竟她已经很久没有和朋友们一起出游了。但她想起王翔之前打电话，要求她这个周末帮他收拾房间。王翔最近工作很忙，几乎没有时间打理自己的生活，而李佳成了他最可靠的帮手。其实她也希望王翔能帮她一次，但他总是说工作太累，没时间。

公交车缓缓驶来，李佳挤进车厢，找到一个靠窗的位置坐下。她的脑海中开始播放她和王翔的回忆集锦。每当她想要做自己的事情时，王翔总是有各种理由让她改变计划。他会说工作累，需要她帮忙洗衣服；或者他生病了，需要她买药和熬粥；甚至他忘记带钥匙，要她去办公室帮他取。李佳每次都毫无怨言地答应了，仿佛是在争取"最称职女友"大奖。

车厢里的人们都低头看手机，李佳也拿出了手机，打开社交媒体。她看到张萍和朋友们在咖啡馆的合影，大家看起来很开心，聊着即将到来的周末活动。李佳的心里突然泛起一丝失落，她意识到自己好像总是为了王翔而牺牲自己的快乐。就在这时，公交车经过了一家商场，外面有一对情侣在自拍，他们看起来很幸福，男孩轻轻搂着女孩的肩膀，女孩笑得灿烂。这一幕让李佳想起了她和王翔刚在一起时的情景，那时他们也曾经这样无忧无虑地笑过。

公交车到站了，李佳跟着人群下了车，她感觉有些疲惫。她开始思考，为什么她总是要优先考虑王翔的需求，而不是自己的？她觉得也许是时候改变一下了。她决定，她要告诉王翔，这个周末她有自己的计划，要去陪朋友，喝喝咖啡，聊聊八卦。她知道，只有这样，她才能找到生活中的平衡。

在恋爱关系中，互利互惠是一种平衡且健康的互动模式。它意味着双方在给予和接受上达到一种平衡和谐的状态。在李佳的故事中，她与王翔的关系逐渐失去了这种平衡。李佳总是满足王翔的需求，而王翔却很少为她考虑。这样的不平衡关系就像一个漏气的气球，最终可能导致感情上的疏离和心理上的疲惫。

关于这种不平衡的关系，其实还有更多的故事可讲。比如，有一对情侣，阿明和小倩，他们刚在一起时，阿明总是对小倩百依百顺，恨不得把她当成公主宠着。然而，随着时间的推移，小倩似乎习惯了这种优待，阿明却感到越来越累。他开始觉得自己成了小倩随叫随到的服务员，总是做她要求的事情，却很少得到回应。阿明终于意识到，这种关系不能再继续下去，他决定和小倩谈一谈。他告诉她，恋爱是互利互惠的，他不是谁的马仔，也不是一个工具，他是一个活生生的人，也需要关心和尊重。

互利互惠原则在恋爱关系中至关重要。如果一方总是付出，而另一方总是接受，这样的关系迟早会失去平衡。无论是李佳和王翔的故事，还是阿明和小倩的故事，都提醒我们，在恋爱中，既不能一味索取，也不能一味付出，只有互利互惠，才能建立起稳定平衡、相互需要、彼此满意的关系。

互利互惠原则强调，在给予爱与关心的同时，也要确保得到相应的回报。其实，只要稍稍观察一下就会发现，互利互惠几乎是人类在社交过程中普遍遵循的原则，当然，这种遵循可能是有意识的，也可能是无意识的。在恋爱关系中，互利互惠原则的核心就是平等的情感交换，双方都应该在关系中获得满足感。

由于没有遵循互利互惠原则，李佳觉得自己简直不是在谈恋爱，而是在进行一场马拉松，她一直在拼命跑，王翔却在旁边骑着电动自行车，轻松得很。长此以往，李佳必然会觉得疲惫不堪。对李佳来说，互利互惠意味着，她在恋爱中应该准确表达自己的需求，获得更多的尊重和关心，而不仅仅是打碎牙往肚子里咽，一切都自己扛。

实现恋爱关系的互利互惠，李佳需要关注几个关键标准。首先是情感交换的平衡性。这就像买卖东西一样，付出和回报要相对均衡。李佳的问题在于，她的单向付出让她感到不被重视，就像她在给花园浇水，那边的王翔却在躲懒。这可不行，感情花园需要两个人共同打理。

其次是沟通的开放性。在恋爱关系中，沟通是确保实现互利互惠的关键。李佳需要向王翔表达她的感受，就像在演唱会上对粉丝喊话一样，得让对方知道她的想法。通过坦诚沟通，李佳不仅可以减轻心理压力，还能促使王翔意识到他们的关系已经开始失衡。毕竟，恋爱关系不是一个人唱独角戏，而是两个人合奏。

最后是关系中的权力平衡。在互利互惠的恋爱关系中，权力应该是均衡的，不然就会变成一个人指挥，另一个人站在原地尴尬摆拍。李佳在关系中经常让步，这让她在权力动态中处于劣势，就像在比赛中，她总是在辛勤努力，却没有决策权。这可不行，她需要建立边界，确保她在关系中拥有自己的空间和自主权。

单向付出是互利互惠的大敌,可能导致情感耗竭和关系失衡。李佳需要学会在恋爱关系中建立边界,这就像在说:"好啦,这里是我的地盘,你别踩过来。"建立边界不仅可以保护她的个人空间,还能确保她在关系中保持健康的心理状态。

李佳可以通过合理表达不满来调整关系动态。当她感到不满时,她不应该选择沉默,而是要用建设性的方式与王翔沟通。根据心理学家卡尔·罗杰斯的沟通理论,开放沟通有助于解决冲突,并促进双方的理解。李佳可以使用"我"作为主语,而非使用"你",比如,"我觉得我们应该一起浇水,而不是我一个人搬水桶",而非"你总是站在一边看,让我自己干"。这样,王翔才不会觉得自己被指责,而是开始意识到问题的存在。

另一个避免单向付出的策略是参与社交活动,保持独立的生活圈子。这就像保持自己的小宇宙,确保她的世界不仅仅围绕恋爱关系。李佳可以通过与朋友互动,找到自我成长的空间,增强自信心和自主性。这样不仅可以减轻对王翔的依赖,还可以让她的生活更加丰富多彩。

为了建立健康的恋爱关系,李佳需要采取积极的行动,确保互利互惠原则在关系中得到贯彻。这不仅有助于减少单向付出,还可以让王翔意识到他在关系中也要承担更多责任。此外,李佳可以通过自我反思,明确自己的需求,避免在恋爱关系中迷失自我。这样,她不仅可以建立合理的边界,还能确保她的情感和生活需求得到满足。

最后，李佳可以通过持续学习和成长，确保她在恋爱关系中保持独立性。这就像不断为自己的"电池"充电，不要让恋爱关系成为其唯一电源。通过参加培训课程、阅读书籍或参加社交活动，她可以增强自己的能力，这不仅对她的职业和个人发展有帮助，还能让她在恋爱关系中保持新鲜感和活力。

通过这些策略，李佳可以在恋爱关系中建立互利互惠原则，避免单向付出，确保关系中的平衡和健康。

爱情真相四：只有好好爱自己，才会被人爱

自爱，这个词听起来就像一个美妙的礼物盒，里面装满了闪亮的自信、温暖的关怀和坚定的自尊。它是情感世界中的一盏明灯，照亮了我们在恋爱的迷雾中前行的道路。虽然自爱是一个简单的词，但它由许多基本要素构成，如自我接受、自我关怀和自我尊重。为了更好地理解自爱，我们来看看陈丽的故事。

在城市的夜幕下，霓虹灯的闪烁就像一场迪斯科派对，而陈丽却一点儿都不想跳舞。她站在办公楼的电梯里，看着数字一层一层地跳动，心情也随着不断变化的数字而跌宕起伏。她刚结束了一天的工作，感觉疲惫得只想和床天长地久，脑海中

却不断回响着男朋友李明的话。李明告诉她,他希望她能陪他参加公司晚宴,这是他与高层互动的大好机会。然而,陈丽内心有些抗拒,她宁愿和自己的猫一起看电视,而不是去面对那些让她头痛的社交场合。

当电梯门打开,寒冷的夜风迎面而来,陈丽把大衣裹得紧紧的,仿佛这是她在这个世界上唯一的防御机制。她快步走向地铁站,心里还在想着李明的晚宴邀请。她习惯于迎合李明的要求,总觉得这样可以避免冲突,维持恋爱关系的和谐。但这次,她真的不想去。她知道这对李明很重要,但她宁愿躲在家里追剧。

在地铁站的站台上,陈丽收到朋友林娜的消息,问她晚上有没有空聚会。陈丽感到有些矛盾,她想和朋友们一起放松,但又不想让李明失望。李明在电话里强调,这次晚宴对他的职业生涯非常重要,他需要她的支持。陈丽在心里嘀咕着:那你能不能也考虑一下我不喜欢社交的感受?她真的不想让男朋友感到孤单,但她也希望有自己的时间。

地铁驶入站台,陈丽挤进车厢,找了个空位坐下。她回想起过去的几次社交活动,每次都是因为李明的要求她才去的。她在这些场合中总是显得拘谨,像个被请到舞台上的观众,完全无法放松自己。她开始质疑,这种总是满足男朋友要求的关系,是否真的健康。她想:我是不是应该更多地按照自己的意愿行事?如果总是让步,我会不会变成李明的"情感自动贩卖机"?

　　车厢内人来人往,陈丽看着车窗,心情变得沉重。她知道,这次的选择不仅仅关乎是否参加晚宴,更关乎她在恋爱关系中的地位和自爱。她不希望总是扮演迎合的角色,但又不知道如何在关系中找到平衡。

　　在陈丽的故事中,她面临着恋爱关系中典型的自我与他人的冲突。这不仅仅是一场社交活动的抉择,更是关于自爱与自尊的探索。自爱和自尊是建立健康恋爱关系的基石,而陈丽的困惑来源于她在恋爱关系中总是迎合李明的需求,忽略了自身的愿望。这种行为可能反映了她对自我的价值和尊重的不足,就像她一直在给自己打折。

　　根据心理学家卡尔·罗杰斯的人本主义理论,自爱是基于自我接受和自我价值感的。陈丽需要重新评估自己的价值,学会尊重自己,这样才能在恋爱关系中听到自己的声音。心理学家亚伯拉罕·马斯洛的需求层次理论指出,自尊是高级心理需求,是每个人内心深处的渴望。在恋爱关系中,陈丽可能因为过度依赖李明的认可,而忽视了自尊。这就像她一直在扮演一个没有名字的角色,而不是活出她自己的故事。

　　陈丽需要学会在恋爱中坚持自我,不要因为迎合而失去自爱。自爱不仅是关怀自己的身体和心灵,也是学会说"不",在需要时划定界限。陈丽可能需要告诉李明:"亲爱的,我知道晚宴对你很重要，但今晚我真的想留在家里，我需要一些自己的时间。"她需要知道，这样的回答并不会让关系崩塌，而是会让她在恋爱中找到真正的平衡和幸福。

通过陈丽的故事，我们可以看到自爱和自尊在恋爱关系中的重要性。它们就像一对翅膀，帮助我们在感情的天空中自由飞翔，而不是在地面上挣扎。所以，下次当你在恋爱中感到迷茫时，记得先找找你的那盏自爱的明灯，然后跟着它走，找到属于你的平衡。

在恋爱关系中，角色认知与社会期望常常扮演着令人头痛的角色，就像一部情节复杂的肥皂剧，陈丽正站在聚光灯下。社会期望通常会对女性施加更多的压力，让她们在关系中显得顺从和体贴，就像要她们成为恋爱中的"全能超人"，但这种期望可能导致女性忽略自身的感受和需求。性别角色理论强调，社会角色对个体行为有深刻影响。陈丽需要重新定义她在关系中的角色，了解社会期望的束缚。

在这个故事中，陈丽面临的困惑就像她在演奏一首情感交响曲，而她总是扮演支持者的角色，缺乏自主性。每次李明需要她陪伴或支持时，她就像一条忠诚的小狗，乖乖地跟随，尽管她的内心深处也有些许抗拒。她可以通过反思和沟通，重新审视自己的角色定位，并与李明讨论他们在关系中的分工。这种开放的沟通就像要为陈丽铺设一条通往自由和自主的道路，让她在恋爱中听到自己的声音。开放沟通是解决角色冲突的重要途径。陈丽需要与李明坦诚相待，表达她的感受和需求，告诉李明，她不是一个会任由他随意摆布的布偶。

通过深入分析陈丽的故事，我们可以看到在恋爱关系中实践自爱的必要性。自爱不仅可以提高自尊，还能让陈丽感受到她的需求和想法是被重视的，而不是总是成为背景板。因此，维持自爱需要不断自我反思和实践，就像照着镜子不断调整自己的位置。心理学家荣格强调，自我意识是实现个体化的重要途径。在恋爱关系中，陈丽可以定期审视自己的感受，问自己："我在这个关系中感到快乐吗？我是否忽略了自己的需求？"这种反思就像打破恋爱中的"平行宇宙"，让她找到属于自己的路。

通过这种自我反思，陈丽可以找到哪些行为模式需要改变，并逐渐采取行动，改变她在关系中的角色。她可能意识到，她在许多情况下都倾向于迎合男朋友的意愿，而忽视了自己的想法。这就像在告诉李明："我不是你的附属品，我有自己的生活和梦想。"这种觉醒需要持续的努力，但它可以让陈丽重新定义她在恋爱关系中的角色，最终找到平衡与幸福。

所以，下次当陈丽站在镜子前反思自己时，她需要记住，这不是一场单人表演，而是一段属于她自己的精彩旅程。通过建立边界、开放沟通和自我反思，她可以在恋爱中找到真正的自爱和自尊，建立更加平衡的关系动态。最重要的是，她要知道，她的需求和想法与任何人一样重要，她完全有权利说出自己的心声。

陈丽总觉得维持自爱就像在锻炼肌肉，需要持续努力，才能变得更强壮。心理学家塔拉·布拉奇在她的著作中提到，自爱是一个不断发展的过程，需要通过积极的行为来巩固，就像在为自己的情感存款。陈丽可能意识到，单靠反思是不够的，她需要实际行动来增强自爱和自尊。这里有一些具体的方法，可供陈丽参考：

首先是建立明确的边界，避免成为关系中的"全能超人"。在恋爱关系中，建立边界就像在告诉对方："嘿，这里是我的领地，请不要随意进入。"心理学家亨利·克劳德指出，建立边界是维持健康关系的重要策略。陈丽可以通过建立边界来保护自己的自主权，并在必要时坚持自己的立场。比如，她可以对李明说："亲爱的，我的确不喜欢社交，不过我愿意今晚陪你去出席晚宴，前提是以后这种活动我一个月最多只能参加一次，所以你一定得考虑好哪个活动对你来说最重要！"这不仅有助于保护她的自尊，还可以改善他们的关系动态。毕竟，没有人喜欢和一块软绵绵的棉花糖谈恋爱。

其次可以尝试参与自我关怀活动。自我关怀就像在为自己的心灵补充燃料，确保自己不会在恋爱的长途跋涉中"抛锚"。陈丽可以通过参加自己喜欢的活动来提高幸福感，例如，阅读、运动，或者和朋友们一起逛街购物。这些活动不仅能让她放松心情，还可以减少恋爱关系中的压力，就像给自己的生活加了点儿糖,让每天都变得更甜。为了实践自爱和维护自尊,陈丽可以通过参与自我提升活动、发展新的兴趣爱好,来增强自信。这就像为她的精神花园添加更多的植物,让她的生活不再单调。她可以开始设定小目标,例如,每周尝试一次新的活动,或者与朋友一起出门聚会。通过这种小目标的实现,陈丽可以逐渐增加在恋爱关系中的自主权,减少对李明的依赖。

寻求心理支持也是实践自爱的一个重要方面。陈丽可能觉得寻求心理支持是件尴尬的事,但实际上,心理医生就像情感的私人教练,他们可以帮助她找到问题的根源。她可以考虑咨询心理医生,或者参加心理健康课程,以获得专业的建议和支持。这不仅可以帮助她应对恋爱关系中的困境,还可以提升她的心理韧性,让她在爱情的风暴中不会被吹走。

维持自爱对恋爱关系的质量至关重要。在陈丽的案例中,她的觉醒过程显示了自爱在恋爱关系中的重要性。通过实践自爱,陈丽可以提高自尊,增强在关系中的自主性。心理学家罗杰斯说,平等的关系需要双方都能够表达自我。陈丽需要学会在关系中找到平衡,确保她的需求得到尊重,不要让自己变成恋爱中的"隐形人"。

在恋爱关系中,自爱有助于避免不健康的行为模式。当陈丽学会爱自己,她会更加勇敢地面对挑战,不再一味迎合他人的需求。她可能会开始对李明说:"亲爱的,我觉得这个决定对我来说不太合适。"这不仅能改善她的心理健康状况,还会促进她与李明之间的沟通和理解。毕竟，恋爱不是一个人唱独角戏，而是两个人共同演绎的一段旋律。

自爱不仅是情感生活的基石，也是持续成长的动力。陈丽可以通过不断自我反思和实践，逐渐找到属于自己的方向。她可以设定个人目标，发展新的兴趣爱好，拓展自己的社交圈，为自己的生活添加更多的色彩。这些行为可以帮助她在恋爱关系中保持独立，同时避免陷入情感依赖。

陈丽的故事揭示了自爱与恋爱关系之间的复杂动态。通过维持自爱，她可以在关系中找到平衡，并实现自我成长。这不仅有助于改善她与男朋友的关系，还可以让她在生活中找到更多的幸福感。所以，一定要记住，恋爱中的自爱是送给自己的最好的礼物，只有好好爱自己，才会被人爱。

第四章
独立,做生活的主人

第一节 ▶ 情感依赖：
人格独立的大敌

识别情感依赖的警示信号

情感依赖是一种令人窒息的状态，就像在爱情的海洋中迷失方向的船，总是需要对方的肯定才能找到方向。然而，在爱情的这场航行中，有时我们可能发现自己坐在船上，但从来没有掌舵。也许是因为我们把舵丢在了情感依赖的海底，依赖伴侣的保证来维持心情的平衡。

李莉是一个刚进入大学的年轻女孩，活泼开朗，喜欢社交活动。她觉得恋爱是一场盛大的舞会，期待着所有的目光都聚焦在她和男友林杰身上。然而，随着恋爱关系的深入，李莉开始感到一种隐隐的不安。

某个周末，李莉和她的室友们计划去郊外野餐，带着各种美食和鲜艳的野餐布。看起来当天像一个完美的度假日，阳光明媚，微风吹拂。然而，李莉的心思却不在这里，她始终紧盯着手机，期待着林杰的消息。

当林杰终于发来一条微信时，李莉的心跳瞬间加速，仿佛一只雀跃的兔子。然而，打开消息，她看到的只是简单的一句"在外面吃饭，晚点回"。这句话让她的心一下子从高空掉到了地面，摔得七零八落。她原本以为林杰会和她一样，期待着一起度过周末，但他显然有其他安排。

与此同时，室友们正在开心地吃着零食，聊着最新八卦，而李莉却感觉自己像个外星人，试图在人类的聚会中寻找意义。她的室友小梅注意到她的异样，关心地问她是不是有什么烦心事。李莉勉强笑笑，说没什么，只是有点累。但她在心里问自己，为什么林杰不像以前那样频繁联系她，是自己哪里做错了，还是自己不够吸引人了？

李莉的故事是一个情感依赖的典型案例。她似乎将所有的情感满足和自我价值都寄托在林杰的回应上，却常常感到失望。她可能会问自己，为什么自己不能像其他人一样，放松地享受生活？为什么自己总是那么担心？这种焦虑和不安让她无法真正放松，也让她开始质疑自己，仿佛整个郊外的绿意盎然都无法驱散她内心的阴云。

情感依赖是一种心理状态，它让人们将自我价值和情感满足寄托在伴侣的认可上。如果伴侣表现得有点冷淡，依赖者可能会感到焦虑，甚至怀疑自己做错了什么。李莉的故事显示了这种依赖的真实面貌，她不断寻求林杰的确认和关心，却总是无法得到她想要的回应。每次看到林杰冷淡的消息，她的心情就像坐上了过山车，从高处直线下滑。

其实，情感依赖在心理学上有着深厚的理论基础。它常常与早期的依恋经验、自我价值感的构建以及个体的情感处理方式有关。可能在李莉的童年时期，她的照顾者并没有给她足够的关注，或者她曾经经历过被忽视的感觉。这些早期的经验会影响到她成年后的情感处理方式，让她在恋爱中更加依赖对方的关注和认可。

因此，当我们发现自己在恋爱中表现出情感依赖的迹象时，可能需要停下来反思一下，看看自己是不是把所有的自我价值都寄托在了对方身上。总之，摆脱情感依赖可能需要一些时间和努力，但重要的是要明白，真正的幸福来自内心，而不是外部的认可。恋爱应该是两个人的舞蹈，而不是一个人不断试图跟随另一个人的节奏。

情感依赖的早期警示信号，就像你车上的那个"检查发动机"的故障灯，当它亮起时，你就会知道哪里可能不太对劲。情感依赖的这些警示信号在恋爱关系中非常明显，但许多人往往忽视了它们，直到事态变得糟糕。让我们深入看看这些信号如何在恋爱关系中显现，并且看看为什么我们应该对此保持警惕。

李莉和林杰的关系一开始就像童话故事一样美好，他们在一起度过了许多美好的时光。但随着时间的推移，李莉开始有点过于关注林杰的一举一动。她频繁地检查手机，看看林杰是否发了消息。你会觉得她的手机比空气还重要，因为她几乎离不开它。她可能在课堂上偷偷看手机，可能在社交活动中偷偷溜出去看手机，甚至可能去洗手间都带着手机——因为她不能错过任何林杰的消息。这是情感依赖的一个典型迹象，也是焦虑型依恋的一个特点。

在社交媒体时代，这种行为变得更加明显。情感依赖者可能会频繁刷新伴侣的社交媒体页面，以确认其是否发布了新照片或者新消息。李莉可能会在深夜时浏览林杰的社交媒体页面，看他是否点赞了某个女生的照片，然后开始幻想各种可能性。这个行为简直像在玩侦探游戏，试图从蛛丝马迹中找出证据，却往往让自己陷入无尽的焦虑。

情感依赖的另一个迹象是过度解读伴侣的言行。李莉在野餐时收到林杰的简短回复，心情瞬间从晴天转为阴天，她甚至开始怀疑自己是否做错了什么。心理学研究表明，情感依赖者往往会对伴侣的每一句话和每一个行为进行过度解读。林杰只是说了句"晚点回"，李莉却开始想象他可能在和其他女生共进晚餐，或者他已经不再喜欢她。这种过度解读就像给关系加了一层滤镜，将一切都扭曲了。

情绪 ABC 理论可以很好地解释这种现象。这种理论认为，我们日常生活中碰到的事情是 A，由此引发的情绪反应或者行为后果是 C，但 C 不是直接由 A 引起的，真正起作用的是人对 A 的认知和评价，在理论中称为 B。放在这个例子中，李莉在野餐时收到回复是事件 A，引发一系列消极情绪和担心是结果 C，真正起作用的其实是她的过度解读，也就是她在没有求证客观事实的情况下把"晚点回"这三个字进行了无限放大和猜想。要想解决这一问题，最重要的就是客观地对 A 进行评价。

害怕冲突是情感依赖的另一个警示信号。情感依赖者可能会避免与伴侣进行深入的对话，担心这样做会引发矛盾。李莉可能觉得，如果她对林杰的冷淡提出质疑，没准会让他感到不舒服，甚至可能导致关系破裂。于是她选择保持沉默，忍受内心的焦虑。害怕冲突可能导致情感依赖者无法表达自己的需求，进一步加剧关系中的不平衡。

害怕冲突的人可能会选择默默忍受伴侣的不合理行为，甚至在受到伤害时也不敢表达。李莉可能在与林杰的关系中感到不安，但她不敢说出口，因为她害怕引发争执。这可能导致她在关系中感到更加孤立，无法与伴侣建立真正的亲密关系。

通过识别这些早期警示信号，我们可以更好地理解情感依赖的复杂性。这些信号提示我们，可能需要重新评估恋爱关系中的行为模式，以避免不健康的依赖动态。如果你发现自己总是频繁地查看手机，或者对伴侣的每一个行为都过度解读，可能是时候停下来，想一想你是否正在情感依赖的陷阱中徘徊。

总之，必须认识到，恋爱关系应该建立在相互尊重和信任的基础上，不该靠不停地确认和追踪进行验证。如果你发现自己或身边的人在恋爱中表现出情感依赖的迹象，可能需要考虑做一些调整，或者寻求专业帮助，以确保关系的健康发展。不要让情感依赖成为你爱情的舵手，找回你的方向，掌握自己的舵，驶向更加健康和幸福的恋爱关系。

情感依赖对亲密关系的侵蚀

情感依赖会把爱情变成一个巨大的磁场，身在其中的你即便是铁石心肠也难以自拔。这种依赖可能表现得相当像偶像剧，需要对方不停地说"我爱你"，否则就会觉得忐忑不安。长期的依赖行为，就像把自己绑在了对方的情绪起落上，不仅对个人心理健康有害，还可能削弱自尊、阻碍自我实现、破坏关系的平衡和稳定。现在，让我们看一看情感依赖是如何对亲密关系造成侵蚀的，以及为何摆脱情感依赖如此重要。

情感依赖的人往往把自我价值与伴侣的态度紧密绑定。例如，李莉的情感状态完全取决于林杰是否给她发消息或他的消息里有没有爱心表情。这使得她的自尊就像天气预报一样变幻莫测，晴时多云偶阵雨。摆脱情感依赖意味着你不再需要对方的不断验证来确定"今天我值得被爱吗"，相反，你开始认识到自己的价值，不是因为有人赞同，而是因为你就是你。

在李莉的案例中，她完全围绕林杰转，把自己的幸福完全寄托在他身上。当她开始从情感依赖中解脱出来，重新发现自己的兴趣和愿望时，就不再期待林杰的点滴关注来维持自己的情绪了。她开始投身于瑜伽和绘画，找到了新的社交圈子，这些都是她内在动力和自信的来源。

情感依赖下的关系往往是不平等的，因为依赖方会不惜一切代价去满足伴侣，哪怕是牺牲自己的幸福和需求。这种不平等最终可能演变成权力的失衡，甚至操控和情感虐待。当李莉开始削减依赖性，她和林杰的关系逐渐变得更加平等。她不再害怕表达自己的需求，也不再因为担心林杰的反应而回避冲突。

长期的情感依赖会使个体常常处于高度的焦虑和紧张状态，因为他们担心任何小事都可能导致伴侣离开。这种持续的精神压力不仅影响日常生活的质量，还可能导致抑郁症或焦虑症。一旦李莉开始减少对林杰的情感依赖，就会发现自己的世界并不会因为林杰的冷淡而崩溃，反而会逐渐学会如何处理失望和不安，找到内心真正的平静。

情感依赖不仅令人心理受困，还会阻碍个人的发展和独立。依赖者可能因为过度关注伴侣而忽略了自己的成长机会。当李莉减少对林杰的依赖后，她有更多时间和精力去追求自己的目标和兴趣。这使得她在工作和学习上更加专注，并且通过探索新的技能，逐渐找到了自己在世界中的位置。

摆脱情感依赖不仅仅是为了改善个人的心理健康，也是为了建立更加平等和健康的关系。在重新掌握自己生活的过程中，李莉不仅变得更加独立，而且变得更加热爱生活！

情感依赖的戒除过程可能像一场情感戒瘾，但每一个戒除步骤都会带来更多的自由和快乐。摆脱情感依赖并不意味着不再爱人，而是让爱成为一件相互分享而不是负担的事。你不再需要通过对方的反应来判断自己是否有价值，你的自尊不再像风中的叶子那样飘摇。通过减少依赖，李莉开始找到自己的节奏，变得更加自信和快乐，最终实现了从依赖到独立的转变。

走向独立，从依赖者到决策者的转变

在感情的迷宫中，每个人都希望找到通往出口的方向。而从依赖者到决策者的转变，恰如找到了方向。这种转变不仅关乎情感独立，更是关乎生活的自主——它让你从随波逐流变成了掌控自己的船长。但要完成这一转变，需要一些内心的较量和心理上的勇气。

陈曦是一个从小就习惯于让他人做决定的人，所以在恋爱关系中，也自然而然地进入了依赖者的角色。她总是优先考虑男朋友赵明的需求，把自己放在从属地位，这种行为模式让她在恋爱关系中显得很温顺。朋友们经常打趣，说她是"夫唱妇随"的代言人。其实每次听到这些，她心里都不太舒服，仿佛作为个体的独立性被否定掉了，她的内心深处也渴望着拥有一些自主权。

恋爱关系就像一场角色扮演的大戏，虽然舞台上演的是爱情，但幕后的角色冲突和情感动态也在不断上演。陈曦的故事就像这部剧中的一幕，她在恋爱关系中的角色扮演与情感平衡之间来回挣扎，尝试找到属于自己的舞台中心。

在很多文化中，恋爱关系中的角色常常受到社会期望的影响，就像编剧早已写好了剧本，只等演员上场。通常，女性被期望在恋爱中扮演温顺、支持的角色，而男性则被视为决策者和领导者。这样的设定可能让女性在关系中像蜗牛一样，缩在壳里，压抑自己的需求，只为了满足伴侣的期望。

陈曦的故事就像这出剧的经典桥段。她觉得自己在恋爱中应该像一位温柔的女主角，而男朋友赵明则是做决定的男主角。她内心深处感到有压力，仿佛有无形的剧本在指挥她的行动。为了打破这种社会期望的束缚，陈曦需要意识到，每个人都应该在恋爱关系中有自己的话语权，不能只做个哑剧演员。想象一下，如果每次做决定都像参加考试，你会感到多么焦虑！

在恋爱关系中，角色冲突和情感动态的不平衡是常见的挑战，仿佛两个人在双人自行车上，哪怕一人用力不均，都可能让车子失控。陈曦长期以来习惯于让赵明做所有决定,这让她在关系中失去了自主权,随波逐流。要解决这个问题,她需要从"被动跟随者"转变为"独立决策者",这意味着她不仅要调整自己的角色认知,还要提升沟通技巧,建立更加健康的关系动态。

在恋爱关系中,角色认知决定了一个人如何看待自己的地位和职责。陈曦需要重新审视自己在恋爱中的角色,意识到她应该拥有与赵明同等的地位和权利,而不是只是点头的那一方。根据心理学家乔治·米德的自我理论,个体的角色认知受到他人与社会的反馈影响,而陈曦长期处于"随大溜"的状态,这让她在关系中丧失了自主性,仿佛成了恋爱关系中的隐形人。

为了调整角色认知,陈曦需要自我反思,比如,对着镜子问自己:"我为什么总是让他人做决定?""我真的喜欢他的决定吗?""这种依赖行为是不是在背叛我的内在价值观?"这样的反思过程可能会带来一些自我觉醒,就像突然发现衣橱里所有衣服都是别人帮你选的,那种感觉有点儿不可思议,但也许会激发出改变的动力。

然而,仅仅意识到问题还不够,陈曦还需要通过开放沟通来打破僵局。开放沟通就像打开了压缩空气的阀门,所有累积的压力终于可以得到释放。陈曦可以与赵明进行坦诚的对话,表达她的感受和需求,这样不仅可以减少角色冲突,还能让两人关系更加平衡和健康。

实现从依赖者到决策者的转变是一个渐进的过程，类似学习骑自行车，总是需要一些时间和练习的。陈曦可以先从小决定开始，比如，选择晚餐的餐厅、周末的活动，然后逐渐过渡到更大的决定。这样的过程会让她逐渐增强决策能力和自信，这就像给她的自行车加上更多的辅助轮，帮助她更好地掌控自己的方向。

当然，在这个过程中陈曦可能会遇到一些挫折和挑战，就像在自行车训练过程中可能会摔倒几次。但这些都是成长的一部分，她需要保持耐心，并通过积极的自我对话，坚定信念，告诉自己："我可以做到！"这样，她可以通过持续的努力，成为恋爱关系中的积极决策者，而不是被动的跟随者。

当我们成为自己情感和生活的决策者时，我们不仅提升了自信，还增强了对关系的把控力。我们不再是恋爱关系中的乘客，而是司机，可以决定走哪条路，决定是否开窗透透气。这种角色的转变不仅改善了生活质量，还让我们在恋爱关系中更加坚定和自信。与其让恋爱关系成为一场单调的公路旅行，不如让它成为一段充满乐趣和探索的旅程，这样才能真正享受沿途的风景。

第二节 保持独立：建立并维护内外部边界

建立并维护内部边界

在情感的世界里，内部边界是我们自我保护的城墙，划分了我们情感、思想和行为上的界限，帮助我们区分自我与他人的责任和领域。建立清晰的内部边界不仅能保护我们的情感不受无端干扰，还能促进自我疗愈。

林倩和男友张帆在一起后，他们的关系充满了甜蜜和关怀。张帆每天早上都会给她发消息，提醒她起床，像她的私人闹钟。中午他会打电话，确认她吃了什么，是不是吃了足够的蔬菜。晚上，他甚至亲自来接她下班，带她去吃晚饭。这让林倩感到温暖和亲近，她认为这是一种被爱和被重视的感觉，仿佛自己是个特别的公主，享受着特别的待遇。

但这些甜蜜很快就开始变味了。张帆的关心逐渐变得像一种控制。每天的问候逐渐变成了一种必需的仪式,他开始质疑她和同事的交往,甚至因为她的工作需要加班而大发雷霆。张帆开始检查她的手机,翻阅她的社交媒体,甚至还向她的闺密打探消息。这些超出关心范畴的行为让林倩感觉被冒犯、被压迫,觉得这段关系可能进入了奇怪的"控制区"。

这时,林倩意识到,她需要建立内部边界。内部边界是个人对自我与他人的责任、空间和情感的界定。它就像情感世界的护栏,帮助我们保持心理健康和关系的平衡。林倩在这段关系中,逐渐感到压抑,因为她发现自己在张帆的控制下失去了独立性。她不敢和朋友多聊,担心张帆会生气,而这让她感到无比压抑,就像被困在一座无形的监狱里。

坐在咖啡馆里,林倩陷入了深深的思考。她知道,建立内部边界并不是一件容易的事,尤其是面对张帆这样有着强烈控制欲的人。她害怕张帆的反应,但又渴望找回自己的生活,重新感受到自由和独立。这种挣扎让她陷入了情感的两难境地,就像在一座迷宫里找不到出口。

依恋理论认为,边界是情感安全的基石。林倩的经历反映了当内部边界被侵蚀时,个人可能面临的困扰和不安。在她和张帆的关系中,张帆的控制行为让她感到自己失去了自主性。为了找回自我,她需要建立清晰的内部边界,这意味着她必须学会说"不",并且不再接受张帆的过度干预。

建立并维护内部边界的方法

当人们谈论建立内部边界时,可能听起来像要把自己的内心变成一座戒备森严的城堡,但实际上,这个过程更像在修建一座有漂亮围篱的花园。建立内部边界是一个渐进的过程,涉及自我认知、非暴力沟通和行为调整。在这个过程中,林倩的做法让我们看到了应当如何从混乱中找回自我,以及如何在关系中建立明确的边界。

林倩起初并没有意识到她的生活出了问题。她的男朋友张帆非常"关心"她,关心得连她的洗衣粉品牌都要替她挑选。随着时间的推移,她开始觉得自己就像一只在笼子里蹦跳的仓鼠,无论她怎么努力,总有一道无形的限制挡在她的面前。她反思为什么自己会感到不适,并意识到张帆的行为已经超出了她的容忍范围。这是建立内部边界的第一步——自我认知。

心理学家罗杰斯认为,清晰的自我认知是建立健康边界的前提。林倩通过和朋友们沟通交流,发现自己并不是唯一一个面临这种问题的人。紧接着,她选择寻求专业人士的帮助,通过心理咨询,明确了内心的需求和期望。她开始明白,建立边界并不是要与他人隔绝,而是为了保护自己不被侵蚀。

接下来,林倩开始试着说"不"。这不是一件简单的事儿,因为我们的文化和社会环境总是习惯教育我们要迎合他人的需求。这时，非暴力沟通就能派上用场了！采用非暴力沟通方式，可以使她在表达自我需求的同时，保持关系的和谐。

非暴力沟通的前提条件是，每个人都有积极的心理需求，譬如，寻找安全感、渴望尊重、追求自由，等等。如果这些内在需求无法被满足，就非常容易产生负面的情绪或者做出负面行为。所以，非暴力沟通就是帮助大家把自己和别人的内在需求识别出来，通过一些真诚的、有建设性的表达方式，最终找到一种双方都能接受的解决方案。非暴力沟通强调要关注彼此的需求和感受，而不是站在对立的立场，来促进相互理解以及和平地解决问题。

实施非暴力沟通的第一步是观察，站在客观的角度，也可以说是站在上帝视角，观察目前遇到的实际情况，而且一定不能对这些情况有价值判断或者情绪反应。也就是说，要客观简单地描述事实，尽量避免带有"对""错""是""非"等价值判断性的词语。比如，如果我们觉得屋子太乱想要发火，这个时候最好先在脑海里默数三下，稳定自己的情绪，然后说"沙发上放着两件衣服"，而不是说"沙发上这么多衣服，真是太乱了"。发现没有，这种客观的表达，能够有效避免在沟通的开始阶段导致战火燃起。

实施非暴力沟通的第二步是站在上帝视角对客观现实进行充分观察之后，回归人的身份，敏锐识别并真诚表达自己内心的真实感受。这个时候，我们最好采用"我"作为主语。因为一旦采用"你"作为主语，不但无法表达自己的真实感受和需求，而且会陷入指责他人的旋涡，使得对方产生"对抗"情绪，导致沟通终止，战火升级。比如，可以说"我觉得很不舒服"而不是"你让我觉得很不舒服"。

实施非暴力沟通的第三步，是像侦探一样，敏锐地从自己的诸多感受中识别内心最根本的需求。我们在沟通中最常犯的一个错误就是"甩锅"，也就是把自己的需求没有被满足归罪于他人。非暴力沟通的好处就在于，坚决反对"甩锅"行为，支持并鼓励当事人直面自己的真实需求，并将这种需求直截了当地表达出来。比如，可以说"我需要更多的自由空间"而不是"你天天翻我手机监视我，根本不给我自由空间"。

实施非暴力沟通的第四步是以请求的方式表达自己的需求，为对方保留选择空间，而且这个行动请求要说得明确、具有可行性，千万不能以高高在上的领导者姿态命令或者要求对方。比如，可以说"你以后能不能不要翻我的手机了，我觉得不舒服"，而不是"你以后再敢翻我手机，我立马跟你分手！"；可以说"咱们能不能一起把房间收拾一下？"，而不是"快点过来跟我一起收拾房间！"。用请求的方式显然更有可能得到对方的理解以及配合。

林倩开始把非暴力沟通方式用在她和张帆的相处之中，试图告诉张帆，她需要更多的空间。她学会了用柔和的方式说

"不"，比如："谢谢你的关心，但我真的不需要你帮我选洗衣粉，我自己可以搞定。"

建立并厘清内部边界后，维护边界同样重要。林倩发现，张帆有时会试图突破她的边界，比如，突然出现在她的公司，装作"巧遇"。林倩意识到，她必须学会坚持自己的原则。在心理学的认知行为疗法中，行为的改变往往需要反复练习和坚持。林倩开始练习如何敏锐地识别边界被侵犯，以及边界被侵犯后如何勇敢地捍卫自己的立场。当张帆"意外"到访她的公司时，她不会像过去那样慌张，而是会微笑着告诉他，她有重要的事情要做，并请他在约定的时间见面。

通过明确内部边界，林倩学会了说"不"，在必要时抽身退步，并且在关系中保持自我尊重。内部边界是她情感健康的基石，使她能够在关系中保持独立性，同时也尊重他人的独立性。

为了确保边界不被侵蚀，她还试着进行自我疗愈。自我疗愈是帮助个体保持心理健康的关键。在这个过程中，林倩找到了一些可以帮助她减压的方法，比如，正念和冥想。这些方法让她在情感压力下能够保持冷静和专注。心理学研究表明，正念练习可以显著降低个体的压力水平，并促进心理健康。林倩通过专注于当下，学会了不再为过去的错误或未来的担忧而烦恼。

建立情感支持网络也是自我疗愈的重要部分。林倩开始更多地与朋友、家人和心理咨询师交流，从中获得情感上的支持和理解。根据社会支持理论，强大的社交网络有助于增强个体的心理韧性，减少情感压力带来的负面影响。她发现，和朋友一起出去郊游或参加一些社交活动，能让她的情绪得到放松。

此外，创造性活动也是一种有效的自我疗愈方式。林倩开始尝试绘画和瑜伽，这些活动可以帮助她释放情感压力。通过绘画，她可以用颜色和形状表达自己的感受，而瑜伽则让她在身体上找到平衡。这种创造性的出口为她提供了一个安全的空间，让她可以找到自我的快乐。

林倩的经历告诉我们，建立内部边界并不是一件容易的事，但通过自我认知、非暴力沟通和行为调整，可以逐渐建立起稳固的边界。在这个过程中，重要的是坚持自己的原则，并通过自我疗愈的方法，确保自己在面对压力时能够恢复平衡。通过这种方式，我们可以在情感关系中获得更多的自我认知和成长，从而建立更加健康和稳定的关系。

建立并维护外部边界

在人际关系的舞池中，外部边界就像我们设立的护城河，保护我们在情感世界中不被过度侵扰。这不仅能避免感情上的过度投入，还能减少潜在的伤害，确保在给予爱与支持的同时，依然保有自己的自尊和价值。

起初，丽娜和阿峰的关系甜蜜到好像糖果店里免费发糖一样。他们几乎形影不离，每天一起吃晚饭，然后漫步在城市中，聊着梦想和未来。然而，随着时间的推移，丽娜开始察觉到阿峰对她的需求越发增加，仿佛她是他的私人秘书，随时待命。有一天，丽娜本来打算和同事一起喝咖啡，但阿峰突然发消息问她晚上有什么计划。丽娜说了自己的安排，阿峰的语气立马变得有些低落，他说自己希望和她一起共度晚上。

丽娜感到压力很大，就像她站在巨石阵的中央，不知该往哪儿走。她不想让阿峰失望，于是最终取消了与同事的约会，去陪阿峰。这是她第一次为了阿峰而放弃自己的社交活动，但绝不是最后一次。之后，阿峰开始频繁地问她的行程，甚至在她上班时也会发消息，问她几点下班，去哪儿，和谁在一起。丽娜觉得她的生活好像被装进了一个透明的盒子，总有人在观望着她的一举一动。

丽娜开始思考，这样的关系是不是正常的？她是不是应该设定更加明确的边界，保护自己的时间和空间？她知道，如果继续这样下去，这段关系可能会变得更加不平衡。阿峰的需求可能无止境，而她却越来越像被圈养的动物，失去了自由。

丽娜的故事揭示了在恋爱关系中建立外部边界的重要性。当一方的需求逐渐侵占另一方的个人空间时，关系可能会失去平衡。外部边界是保护我们的情感不受过度侵犯的重要手段，它让我们在给予爱和支持的同时，依然能够保持自我。

于是，丽娜开始重新安排自己的时间，确保自己有独立的空间去做自己喜欢的事，和朋友们相聚，追求自己的兴趣和爱好。她知道，只有设定清晰的边界，她才能在感情中保持自尊和价值，而不是被另一方的需求所吞噬。毕竟，恋爱是两个人共同成长的旅程，而不是一个人为了满足另一个人的需要而放弃自我。

建立外部边界的第一步是确定个人需求与优先级。心理学家亚伯拉罕·马斯洛的需求层次理论指出，每个人都有一套基本需求，从生理需求到自我实现。丽娜意识到，她的社交生活和个人空间正在被侵蚀，这促使她开始重新评估自己的需求，并设定更明确的边界。

第二步是开展开放的沟通。丽娜和阿峰坦诚相待，表达她对个人空间和社交生活的需求，并解释了边界对她的重要性。她很清楚，沟通应该以尊重和同理心为基础，要避免攻击和指责。她巧妙地运用了上面提到的非暴力沟通的方式，确保在冷静、客观、平和的状态下，使阿峰接受边界的设定。

最后一步是逐渐建立边界。突然改变关系中的动态可能引发伴侣的不安，因此丽娜需要逐渐建立外部边界，而不是一夜之间改变所有事情。她可以从每周与朋友约会一次开始，然后逐渐增加与阿峰分开的时间。

通过建立明确的外部边界，丽娜不仅学会了保护自己，也学会了在关系中保持平衡。这样的边界让她在给予爱的同时，仍能保持自我，避免过度依赖与牺牲。这也是确保健康恋爱关系的重要一环，不然，感情的天平很容易失衡。最终，健康的边界不仅保护了个人的情感安全，也确保了关系的长久稳定。

建立边界要勇于说"不"

你知道什么最难吗？那就是对可爱的猫咪说"不"。对人也是如此。尤其当对方是你的"真命天子"时，你知道你应该这么做，却很难付诸行动。

让我们从一个简单的问题开始：为什么你这么害怕拒绝别人？答案可能比你想象得复杂，因为它涉及了很多你内心的"小复杂"。你可能担心如果你拒绝了某人，他（她）就不会喜欢你了。或者你觉得如果你建立了边界，可能会错过一段伟大的恋情。最令人害怕的，或许是你觉得自己不够好，所以你必须接受一切。这就像在吃自助餐时，看到那些看起来并不那么新鲜的食物，但你仍然要试一试，因为"可能它很好吃"。是的，拒绝可能很吓人，但更吓人的是，为什么你这么害怕拒绝？

拒绝的艺术在于尊重。是的，拒绝可以是一件艺术品，甚至可以让人惊叹。让我们看看这个情景：你在一个聚会上，一个戴着宽檐帽的帅哥向你走来，笑得像在给牙医做广告。他问你要不要一起喝一杯。你是如何拒绝的呢？一种方法是用笑容婉拒："谢谢，我刚才已经喝了一杯茶，我得保持头脑清醒，免得开始讨论物理学。"另一种方法是诚实地说："其实，我已经约了人了。"两个都是有效的拒绝方法。

为什么要这么做？因为建立边界可以让你更快乐。相信我，没有比把自己弄到一段不舒服的关系里更糟糕的了。在那样的关系中，你可能会发现自己在看电视节目时被迫看你并不感兴趣的东西，或者在不喜欢的餐馆前大排长队，因为"他喜欢这家"。当你建立了边界，学会了说"不"，你会发现咖啡更香，空气更清新，连街上的流浪狗都在微笑。哦，对了，说"不"还会让你更有机会遇到真正适合你的人，而不是因为不敢说"不"而勉强接受一个自己不那么喜欢的人。

勇于说"不"需要一些练习，但绝对值得。这里有一些小技巧，帮你成为说"不"的黑带选手。

建立自信：说"不"的第一步是相信自己值得更好的。可以从每天早上告诉自己"我是生活的主人，我的生活我做主"开始。这就像在洗澡时哼歌一样，让你在面对需要说"不"的场景时，能保持相对轻松的心情。

用幽默化解紧张：幽默是说"不"的秘密武器。当你觉得尴尬时，一句幽默的话可以让场面轻松起来。如果有人问你为什么拒绝，你可以说："我今天跟自己约好了，我自己是个难搞的家伙。"

保持坦诚：说"不"不需要复杂的理由，也不需要华丽的措辞。你可以直接说出自己的感受，比如："我觉得我们不是很合适，但谢谢你的邀请。"这不仅简单，还不会让对方觉得丢面子。

不要犹豫：当你决定说"不"的时候，最好直截了当一点，千万不要拖延犹豫。拒绝别人就像在揭创可贴，动作越快，越不会让对方觉得疼。拖延犹豫只会让事情变得更复杂。

保持坚定：有些人会试图改变你的想法，但这正是你展示内在力量的机会。你可以说："不，谢谢你的热情，但我已经做出了决定，并且愿意为我的决定负责！"

当你成功学会拒绝与建立边界时，你会发现自己的生活变得更加简单。你可以做更多自己喜欢的事，认识更多自己喜欢的人，发现世界上有不少比"好的""我愿意"更有意思的人、事和物！

说"不"是摆脱情感依赖、保持独立的关键之一。在这个过程中，你不仅可以找到自己真正的声音，还可以建立更加健康的关系。当你建立了边界，你会发现自己成了自己生活的主人，而不是别人的附庸。即使对方再帅、再迷人，你也知道如何保护自己。因为，最后，真正的爱情是建立在相互尊重和理解的基础上的，而不是建立在你愿意做一切事情以取悦对方的基础上的。

所以，拿起你的"拒绝武器"，勇敢说"不"，用你的自信、幽默、坦诚和坚定告诉大家，你是一个有边界的人。只有边界明确，那个值得的人才有可能尊重你的边界，并与你一起走向幸福的未来。毕竟，真正的爱情是互相尊重，而不是盲目服从。

情感独立的标志

在这个纷扰的世界里，我们经常听到"情感独立"这个词，但它到底意味着什么呢？情感独立，其实是你在爱情中的超能力。它意味着，即便没有超人的披风，你也能成为自己生活的超级英雄。具体来说，就是在没有爱人的陪伴下，你也能活得有滋有味，精彩绝伦。现在，让我们来探索一下，哪些行为能成为情感独立的闪亮标志吧！

自娱自乐大师：如果你能自己找乐子，那么恭喜你，你已经在情感独立的康庄大道上迈出了坚实的一步。想象一下，一个人去电影院，边吃爆米花边享受电影，而不是不停地刷手机等消息。或者，一个人去餐厅，优雅地享受美食，而不是尴尬地和手机里的朋友聊天。这不仅仅是自信，这简直是艺术。

决策独行侠：情感独立的人做决策时，不需要依赖别人的意见。他们的选择基于自己的理解和需求，而不会为了取悦他人而做出选择。这并不意味着他们不听建议，而是在听取了所有意见后，永远清醒地知道自己才是最终拍板的那个人。比如，选择看哪部电影，不是因为另一半喜欢某位明星，而是因为自己真的对那部科幻大片充满好奇。

情绪管理大师：每个人都会有情绪低落的时候，但情感独立的人知道如何管理自己的情绪。他们不会总寻求他人的安慰，而是能够找到恢复平静的方法。他们可能会选择跑步、瑜伽、阅读，或者任何其他有助于恢复情绪平衡的活动。他们明白，把自己的幸福建立在别人身上，就像在流沙上建城堡一样不靠谱。

梦想追逐者：情感独立的人有自己的梦想和目标，并且他们会为之努力。他们不会因为恋爱就放弃自己的职业抱负或个人爱好。相反，他们知道两个人在一起是为了相互支持、共同进步，而不是牺牲自己来迎合对方。这样的人生，才是真正的双赢。

责任感战士：情感独立的人会为自己的行为负责，他们不会期待伴侣解决所有问题。无论是日常琐事、工作挑战还是个人困扰，他们都会主动面对，而不是推卸责任。如果恋爱中出现问题，他们会努力通过理解和沟通来解决，而不是指责和抱怨。

社交圈的守护者：情感独立的人知道如何维护健康的社交

圈，他们不会因为恋爱就与世隔绝。他们保持与朋友和家人的联系，继续参与社交活动，不会因恋爱而放弃原有的人际关系。毕竟，生活需要多元化，朋友的支持和家人的关爱同样不可或缺。

恋爱中的平等主义者：最后，情感独立的人在恋爱中始终保持平等。他们不会因爱情而屈服于不合理的要求，也不会因害怕失去对方而放弃自己的原则。这样的关系才是真正的平衡和谐，两人互相尊重，互相支持，而不是单方面的依赖。

情感独立听起来是一个非常庞大的命题，似乎需要超常的勇气和力量。但实际上，这是一种可以逐渐培养的能力，每个人都能学会。它不仅能让恋爱关系更健康，还能让你在生活中更加自信、自如。通过不断练习和反思，你会发现，原来自己也是一个能够独立自主、展翅高飞的超级英雄。

第三节 独立生活：打造个人空间

个人空间：亲密关系的保鲜剂

在恋爱关系中，个人空间就像一片珍贵的绿洲，在这个喧嚣的世界里给我们提供了一片宁静的土地。保持个人空间对于维持独立性和心理健康非常重要，就像给自己的灵魂装上了氧气面罩。它不仅帮助我们保持自我认同，还能减少恋爱关系中的压力和冲突。那么，在这片绿洲里，叶小琳又是如何面对她的个人空间危机的呢？

在一个深秋的下午，落叶在微风中翩翩起舞，仿佛一场华丽的橙色派对。叶小琳在市区的公园小道上踱步，脚下发出轻微的沙沙声。她穿着一件温暖的针织衫，手里拿着一杯热茶，感受着杯子传来的温暖。然而，这种秋日的舒适并没有让她心情愉快，因为她知道，手机铃声很快就会响起，打破这份宁静。

手机铃声毫无意外地响了。赵凯的声音带着焦急，问她在干什么，为什么没有回消息。叶小琳没有刻意忽略赵凯，只是想要享受一下自己独处的时间。她回答说，她在散步，可能没听到手机响。虽然她的语气显得轻松，但她内心的烦躁就像一只即将爆炸的气球。赵凯对她的关注明显超过了正常的界限，就像恋爱中的 GPS，时时刻刻定位她的行踪。

赵凯继续在电话里追问她在什么地方，跟什么人在一起，得知她一个人在公园散步的时候，他惊讶地说："自己散步有什么意思，跟我去见朋友吧，吃过饭我们可以一起去逛街，我给你买好看的衣服！"或许那些依赖性强的伴侣听到这样的建议会心花怒放，但叶小琳只想在公园里独自散步，看看黄叶飘舞，感受大自然的宁静。她觉得赵凯为自己安排的时间表太紧凑了，而且两个人整天绑定在一起，让她有点喘不过气来！

电话挂断后，叶小琳站在一棵高大的银杏树下，抬头看着树叶在风中摇摆。她意识到，这段关系正在让她失去自己，她就像一只被困在鸟笼里的小鸟。她不想让赵凯失望，但她也不想成为他生活中的附属品。她开始思考如何在恋爱关系中找到属于自己的空间，重新掌握自己的生活。

在恋爱关系中，个人空间的重要性就像氧气。它提供了自由呼吸和发展的机会，让我们能够按照自己的价值观，追求自己的兴趣，而非仅仅围着伴侣转。叶小琳的故事展示了在恋爱关系中缺乏个人空间可能导致的困境：来自伴侣的压力以及自我的逐渐丧失。她就像被困在一个狭小无比的房间里，没有自由活动的空间，简直连呼吸都不顺畅。她需要重新找回自己的绿洲，让自己成为故事的主角。

心理学家爱利克·埃里克森的角色认同理论指出，个人空间是维护自我认同的关键。每个人都需要有属于自己的时间和空间，来追求自己的兴趣和价值观，这对确认"我存在""我是独立的"非常重要。很显然，在这段关系中，赵凯是那个过度依赖的伴侣，他的行为可能导致自我认同的缺失，进而影响个人的心理健康。与此同时，他的行为也会导致伴侣叶小琳觉得自己生活的方方面面似乎都被赵凯所控制，就像在玩一场无法逃脱的"跟踪游戏"，如果不做出改变，任由这种失去自我的感觉吞噬自己、吞噬生活，这必然会削弱她的自尊心，影响她的情绪稳定。

个人空间与心理健康密切相关。如果你感觉恋爱关系就像一场永无止境的追踪，那么心理健康可能会受到影响。根据心理学家卡尔·罗杰斯的人本主义理论，个体需要感受到自我价值，才能保持心理健康。如果缺乏个人空间，可能会导致焦虑、压力甚至抑郁。叶小琳在面对赵凯的过度关注时，感觉自己快要窒息了，这种心理压力可能对她的情绪产生负面影响。如果负面情绪长期得不到缓解，可能会导致更严重的心理问题。

所以,叶小琳需要重新定义她在恋爱关系中的角色,建立明确的边界,并找到属于自己的空间。她需要做的第一件事就是准确地、不带情绪地向赵凯表达自己的真实感受:"亲爱的,我爱你,不过我也需要一些自己的时间,我想一个人做一些事情。"这种行为既能帮她保持自尊,也可以改善她与赵凯之间的关系。毕竟,恋爱不是一方的独舞,而是两个人共同的旅程。

打造个人空间:迈向独立生活的第一步

通过叶小琳的故事,我们可以看到在恋爱关系中建立个人空间的重要性。个人空间就像我们自己的小天地,它让我们在繁忙的生活中找到一丝宁静,让我们在爱情的旅途中不会迷失自我。因此,如果你感觉到恋爱关系中的压力正在增加,不妨试着寻找你的个人空间,让自己在这片绿洲里自由呼吸。

心理学家丹尼尔·戈尔曼曾说过,情感管理是保持心理健康的重要因素,而个人空间就像情感关系中的氧气罐,给人们提供了处理情感和释放压力的机会。

在恋爱关系中,个人空间也可以帮助保持一种平衡。社会心理学的权力动态理论指出,如果关系中的一方拥有过多的控制权,另一方可能会感到压抑,进而影响恋爱关系的稳定。叶小琳在与赵凯的关系中，开始感到权力失衡了。赵凯总是想知道她在做什么，去哪儿了，和谁在一起，这让她有点儿喘不过气来。于是，叶小琳开始思考，她需要一些属于自己的时间和空间。

为了恢复恋爱关系中的平衡，叶小琳开始尝试建立她的个人空间。她发现，通过给双方时间和空间，她和赵凯的关系反而更加轻松。她可以自由思考，探索自己的兴趣，并重新找到她的内在力量。这不仅减少了关系中的冲突，还让两人之间的情感联系更加紧密。赵凯也意识到，给叶小琳一些空间，不仅让她感到舒适，还让他自己也有了更多的时间做他喜欢的事情。

建立个人空间并不容易，特别是当另一方习惯于控制一切时。叶小琳发现，这可能需要一些技巧。她决定从她曾经喜欢的活动开始，比如，阅读、运动和听音乐。她想，如果她能够在恋爱关系之外找到属于自己的快乐，就会感到更加自在。心理学家阿尔弗雷德·阿德勒曾说过，兴趣爱好不仅能增强个体的自信心，还能提供稳定的心理支持。于是，叶小琳开始找回自己，她甚至报名参加了一个瑜伽班，在那里，她可以暂时逃离赵凯的紧张控制，感受一下身体的自由。

有了兴趣爱好后，叶小琳觉得需要一些个人发展计划。她想知道，自己想成为什么样的人，想做些什么。于是，她制定了短期和长期的目标，比如，学习一门新的语言，或者计划去一个新的地方旅行。心理学家亚伯拉罕·马斯洛的需求层次理论指出，个人发展是自我实现的重要部分。通过设定目标，叶小琳找到了她在恋爱关系之外的动力。她甚至开始考虑换一份工作，这让她觉得自己的生活不再完全围绕赵凯转动。

与此同时，叶小琳意识到，保持独立的社交圈对于建立个人空间非常重要。她觉得自己有点儿过度依赖赵凯，导致她和朋友、家人之间的联系越来越少。心理学家哈里·斯塔克·沙利文的社会心理学理论表明，人际关系对个体心理健康有重要影响。因此，叶小琳决定重建她的社交圈。她开始定期和朋友聚会，甚至尝试去认识一些新朋友。她发现，和朋友一起吃饭、看电影、聊天，让她的生活变得更加丰富多彩。

为了确保恋爱关系中的平衡，叶小琳还需要和赵凯进行有效的沟通。她意识到，沟通是解决关系问题的关键，她不能一直逃避赵凯的过度关注。于是，她尝试使用非暴力沟通技巧，与赵凯谈论她需要个人空间的原因。她告诉赵凯，她需要一些时间来做自己的事情，这样她才能在恋爱关系中保持独立性。她解释说，这并不意味着她不爱赵凯，而是她需要一点自由。

在沟通过程中，叶小琳尝试让赵凯理解她的感受，并一起寻找解决问题的方案。她提议两人可以制定一些规则，比如，每周有一个晚上是彼此独立的时间，或者两人可以有各自的社交活动。通过这种开放的沟通，叶小琳希望能够建立更加平衡和健康的关系动态。

叶小琳的经历告诉我们，恋爱关系中的个人空间是多么重要。它不仅有助于维持心理健康，还可以促进恋爱关系的稳定。如果你在恋爱中感到压抑，或者觉得失去了自己，可能是时候考虑一下，你是否需要一点儿属于自己的空间。最重要的是，记住，建立个人空间并不是疏远，而是为了让两个人的关系更加健康，更加持久。

走向独立，打造健康的社交圈

建立健康的社交圈有点像种花，需要土壤、阳光、雨水，还有一双不怕弄脏的手。为什么需要健康的社交圈呢？如果你曾经有过恋爱脑的经历，可能会发现自己就像在独木桥上行走，每一步都可能掉进深渊。而建立健康的社交圈就像在这座桥上安装了一些护栏，至少可以让你在风雨中有个支撑点。

那么，如何实际建立并维持一个健康的社交圈呢？首先，找到兴趣相投的人。好的社交圈通常基于共同的兴趣和爱好。比如，你喜欢绘画，那就去参加一个绘画班，那里有很多热爱艺术的人。这不仅能让你发展自己的兴趣，还能结交新朋友。如果你喜欢打游戏，那就去找一个游戏社团，你会发现那里有一群和你一样热爱游戏的人。

其次，要保持联系但不过度。建立社交圈，保持联系很重要，但这种联系一定不能过度。我想你肯定不愿意变成那个不分时间发消息问别人"今晚有什么计划"的人吧！这种做法很有可能会吓跑一部分朋友。偶尔让自己消失一下，给别人和自己一些空间，让他们觉得你也有自己的生活。

最后，拥抱变化。社交圈是流动的，就像一条河流，有时朋友会搬走，有时关系会发生变化。这并不意味着你要为此感到沮丧。这是正常的生活现象，就像四季更替一样。你可以用幽默的方式来看待这种变化，比如："看来我得重新整理我的社交名片了。"这种轻松的态度会让你更容易接受变化。

建立健康的社交圈是一个持续的过程，你需要一点幽默感、一个开放包容的心态、一点人际交往的小技巧，接下来就是行动！如果这些都没有，那么记住四个字就足够了，这四个字就是"真诚""行动"。记住，社交圈是为了支持你的，而不是给你增加压力的。在这个过程中，保持幽默和乐观，你会发现社交圈带来的无限可能。最重要的是，确保你的社交圈是健康的，既有足够的朋友，又有足够的空间，让你在生活中既有支持，又有自己的自由。这种平衡会让你在任何情况下都能保持自我，不至于因为某个朋友的离开而感到世界崩塌。

行动：我的社交计划

下面是一些常见的社交活动，认真看一看、仔细想一想，在你感兴趣的社交活动后边打上一个大大的√吧！如果你有自己的想法，大胆地写在后边的横线上！

- 参加聚会
- 邀请朋友来家里做客
- 去咖啡厅
- 去茶馆
- 个人体育运动（瑜伽、普拉提、散步……）
- 双人体育运动（羽毛球、乒乓球、网球……）
- 多人体育运动（篮球、排球、台球……）
- 桌游（狼人杀、下棋、打麻将……）
- 看电影
- 听音乐会
- 看舞剧
- 泡吧
- 旅游

上边没有提到的：_____
_____

上述活动中你最感兴趣的，并且近期能够进行的是：___
_____

你计划在什么时间落实这项活动？_____
_____

你打算邀请哪些人跟你一起参加这项活动？＿＿＿＿＿＿

＿＿＿＿＿＿＿＿＿＿＿＿＿＿＿＿＿＿＿＿＿＿＿＿＿＿＿

你打算什么时候开始邀请？打算采用哪种方式邀请？（打电话？发短信？当面说？）＿＿＿＿＿＿＿＿＿＿＿＿

＿＿＿＿＿＿＿＿＿＿＿＿＿＿＿＿＿＿＿＿＿＿＿＿＿＿＿

或许，你可以让你的朋友带上他们的朋友一起来参加你的活动！

计划已经做好，赶紧行动起来吧！

独立的意义：实现个人成长

叶小琳已经开始在恋爱关系中划出一片属于她的个人空间，但她知道这只是个开始。如果想在恋爱关系中保持个人成长，她需要更多努力，确保自己的成长轨迹不会因感情的旋涡而偏离。就像一个坚韧的登山者，她要一边攀爬一边平衡，才不至于一头扎进深渊。

实现个人成长的第一步是持续学习和发展。心理学家卡尔·罗杰斯的理论强调，个人成长就像一场永不停息的马拉松，需要持续的自我反思和学习。叶小琳深知，停下来就意味着被情感洪流冲走。所以她开始设定个人发展目标，确保自己的成长轨迹一步一个脚印地逐步上升。

为了做到这一点,叶小琳报名参加了各种培训课程、研讨会,甚至买了一大堆书籍,她的阅读清单长得像超市收据一样。这不仅让她不断提高自己的能力,还让她在恋爱关系之外找到更多的自我认同。随着知识面的拓宽,她发现自己的自信心也像气球一样逐渐膨胀,当然,是那种不会爆炸的气球。

在恋爱关系中,情感智力是维持健康关系的关键之一。心理学家丹尼尔·戈尔曼指出,情感智力包括识别和管理情感的能力。叶小琳知道自己在这一点上需要下功夫,因为她有时情绪比夜市的风还难预测。为了提高情感智力,她开始练习冥想和深呼吸。毕竟,和赵凯沟通有时需要多一点氧气。她还学会了非暴力沟通技巧,确保双方在对话中不会"掀桌子"。

虽然个人空间对个人成长至关重要,但在恋爱关系中,平衡个人空间与共同时光同样重要。这就像做一道复杂的菜肴,材料要足,火候要稳,不能太咸也不能太淡。叶小琳开始尝试找到这个平衡点,确保她在恋爱关系中既有独立性,又能与赵凯保持紧密的情感联系。为了实现这一目标,她和赵凯制订了一些活动计划,比如,一起去看场电影,或者一起做顿晚餐,这样既不会让赵凯觉得被冷落,也不会让叶小琳感到被压迫。

为了让恋爱关系持续发展,叶小琳和赵凯还开始设定共同的目标和愿景。心理学家维克多·弗兰克尔的意义疗法指出,建立共同的目标和意义是稳定关系的基础。叶小琳觉得,这就像给两人搭建了一个共同的舞台,确保他们在各自成长的同时不会走得太远。

于是，她和赵凯坐下来，开始讨论他们的未来计划，看看他们有什么共同的兴趣点。叶小琳想，如果两人能够一起设定一些目标，就像在一起种植一棵树，他们的关系会更加稳固。她提议一起规划实现这些目标的步骤，比如，一起存钱去旅游，或者一起参加一个喜欢的活动。这些共同的愿景，让叶小琳和赵凯在追求个人成长的同时，也确保他们的恋爱关系向着积极的方向发展。

通过这些策略，叶小琳觉得自己在个人成长与恋爱关系中找到了平衡。这种平衡不仅确保了她在恋爱关系中保持独立，还促进了她与赵凯的情感联系。最终，这不仅让叶小琳变得更强大，也让她的恋爱关系变得更加丰富，充满了意义。

第五章
直面恋爱中的挑战

第一节 ▶ 毒爱：
不健康关系的标志

识别并远离毒爱

毒爱的世界就像一个糖衣包裹的陷阱，外面看起来光鲜亮丽，里面却隐藏着危险的机关。一开始，你可能觉得自己找到了完美的伴侣，对方每天早晨向你发送甜蜜的问候，晚上关心你的一天过得如何。这简直就是偶像剧里的桥段！但等到你陷得越来越深，才发现这层爱情的甜蜜外壳里藏着不安和控制。

刘薇在一个寒冷的夜晚，坐在公寓的窗边，欣赏着城市的霓虹灯光。她的手机屏幕不断弹出消息，每条消息都来自她的男朋友王强。最初，这种关心让她觉得温暖，每天被人询问过得如何，这不是爱情的正常状态吗？可是，这种关心逐渐变得有点像绑架,王强不再只是问候,而是带着审讯的口气问她:"你在哪里?在做什么?和谁在一起?"

有一天,刘薇和朋友们一起去看电影,她想着,这只是朋友间的娱乐活动,没什么大不了的,没必要通知王强。然而,电影中场休息时,王强突然出现在影院门口,他的脸色阴沉得像要下雨一样。他开始质问刘薇为什么没告诉他,为什么要和其他人出去玩。他的声音在走廊里回荡,吸引了不少人的注意。刘薇一瞬间觉得自己是罪犯,而王强是来抓自己归案的警察。她感到无比尴尬,周围的人都在偷偷瞄着他们。

其实,这并不是第一次。上次刘薇和同事们一起吃饭,王强突然打电话过来,要求她马上回家。理由是她已经在外面太久了,他觉得不安全。刘薇只能勉强解释,但王强的语气越来越强硬,像个家长抓住了偷偷溜出去玩的孩子。她最终不得不道歉,然后匆匆离开了聚会,留下了一桌同事满脸困惑。就这样,王强成了刘薇生活中的"行程管理员",他随时随地都要知道她在干什么。

王强的控制欲不仅体现在日常生活中,还扩展到了刘薇的社交圈。他开始对她的朋友们发表评论,特别是那些他觉得"看起来不靠谱"的人。"你真的觉得他们好人吗?你为什么和他们交往?"这些问题让刘薇觉得自己像个学生,而王强是她的老师,她开始怀疑自己的判断力,甚至渐渐远离了她的朋友们。毕竟,谁愿意每次和朋友见面都得偷偷摸摸,仿佛在策划一场秘密行动呢?

随着时间的推移,刘薇发现她在这段关系中逐渐失去了自己的声音。王强开始对她的穿着、行程,甚至职业规划指手画脚,仿佛他是刘薇的"生活设计师"。他总是说,他这么做是为了她好,但刘薇心里开始产生疑问:这真的是爱吗?还是一种控制?慢慢地,她感觉自己在这段关系中变成了王强的提线木偶。

这个故事揭示了毒爱关系的典型特征:情感操纵、过度控制、情感失衡。刘薇的经历是一部分人会在恋爱中可能面临的困境。一开始,这种关系看似甜蜜,仿佛一切都在粉红色的氛围中;但随着时间的推移,毒爱的真面目开始显露。王强对刘薇的行为,正是毒爱的典型表现形式。

毒爱让人觉得爱情成了一场扣人心弦的推理剧,你永远不知道接下来会发生什么。它可能从甜蜜开始,却在不知不觉间变成了对个人自由的限制。对陷入毒爱关系的人来说,关键是学会辨别这种控制欲,寻找支持,重新找回自己的声音。只有这样,才能摆脱这种毒爱的束缚,重新获得内心的自由。

情感操纵是毒爱关系中的典型特征之一。王强在甜蜜问候之后,逐渐开始带上了一些质问的口气。王强的目的通过这种方式让刘薇感到内疚,让她觉得自己做得不够好。渐渐地,他开始利用情感操纵来维持对她的控制,这让刘薇感到自己好像犯了什么大错。

王强的操纵手段也不仅限于语言,他还不断要求刘薇向他报告行踪,甚至对她的社交活动进行干预。每次刘薇去见朋友,王强都会找个理由来检查她在哪里,仿佛她是个越狱的囚犯。另一种情感操纵的常见手段是情感勒索。王强可能威胁刘薇说,如果她不按照他的要求去做,他就会离开她,或者做出其他激烈的举动。这种操纵手段简直像一场心理上的猫捉老鼠游戏,总是让刘薇感到自己随时可能"出事"。

过度控制是毒爱关系的另一典型特征。王强的控制欲源于他对关系的不信任和占有欲。他总是希望通过掌握刘薇的一切来确保自己的安全感。于是,他不仅要求她报告一举一动,还会对她的社交圈进行严格审查。这种行为伴随着妒忌和疑心,王强似乎要确保自己是刘薇唯一的朋友,这种行为让她感到自己好像被关进了一间小黑屋。

根据心理学家约翰·鲍尔比的依恋理论,这种控制欲可能与焦虑型依恋有关,表明个体对关系的安全感严重不足。王强的控制行为不仅影响了刘薇的自由,还削弱了她的独立性。他不仅在行为上控制她,还会不断向她灌输他的观点,试图让她相信他这么做是为了她好,就像一场洗脑仪式。王强试图让刘薇相信,她的世界只有他一个人。

尊重在毒爱关系中通常是缺席的。王强会在公共场合责骂刘薇,完全不考虑她的感受。这不仅对刘薇造成心理伤害,还可能影响她与他人交往的意愿。健康的关系应该建立在相互尊重和支持的基础上，而毒爱关系中的尊重缺失会导致权力不平衡，关系变得像一场独角戏，只有王强的声音在回荡。

缺乏尊重还可能导致对个人边界的侵犯。王强试图控制刘薇的社交活动，还对她的着装提出要求。这种行为让刘薇感到她在这段关系中没有自由，仿佛她的一举一动都要经过王强的批准。个人边界的缺失让她在关系中逐渐失去自我，从而陷入更深的情感操纵和控制。

在毒爱关系中，情感失衡是另一个典型特征。王强不断要求刘薇付出，而他自己却很少回应她的需求。这种情感失衡会让刘薇感到被忽视，甚至被利用。每当她需要帮助时，王强总是以各种理由推托，仿佛他是这里的老板，而她只是个员工。情感冷暴力也是毒爱关系的常见信号，控制者往往会通过情感疏离的手段来惩罚伴侣。王强在刘薇不符合他期望时，可能会故意冷落她，让她感到孤立无助，这种情感冷暴力不仅让关系变得冷淡，还可能严重影响受害者的心理健康。

在毒爱关系中，受害者通常会感到持续的焦虑和压抑。刘薇在与王强相处时，觉得压力无处不在，心口就像被压上了一块巨大的石头，甚至连气都喘不上来。这种持续的焦虑是毒爱关系的信号。毒爱关系中的情感操纵和贬低削弱了刘薇的自尊心，她开始怀疑自己，甚至觉得自己真的不够好。心理学家卡尔·罗杰斯指出，自尊心是心理健康的重要组成部分。毒爱关系中的行为会严重影响受害者的心理健康。

毒爱关系不仅让人感到压抑与孤独，还会让受害者逐渐疏远朋友，因为他们害怕引起控制者的怀疑。刘薇开始感到自己像被关在一个无形的牢笼里，孤独感像一条蛇，缠绕在她的内心深处。毒爱关系的常见信号之一就是这种孤独感，仿佛世界上只剩下自己一个人。要想摆脱毒爱关系的束缚，受害者需要认识到这些危险信号，并找到支持，重新找回自我。只有这样，他们才能重新获得自由，摆脱情感操纵的枷锁。

想要摆脱毒爱关系就像在午夜逃出一座迷宫，每一步都需要谨慎规划，因为随时可能有不好的事情发生。逃离毒爱的第一步是评估这段关系到底有多毒。受害者需要冷静地评估自己的生活，看看这段关系是不是像个无底洞，怎么努力也填不满。可以用一些关系健康度量表来看看两个人的亲密度、满意度和解决冲突的方式。甚至可以记录一下对方每天的行为，看看到底是甜蜜呢，还是已经快要变成现实版的惊悚电影了。如果对方的行为每天充斥着情感操纵、控制、冷暴力，那就得赶紧离开这个"鬼屋"了。

评估关系的健康度时，受害者要关注自己的感受。如果每次见到对方都感到焦虑、压抑或者被贬低，那基本可以肯定这段关系已经"发霉"了。这种评估过程有助于受害者意识到问题，并为逃离做准备。就像发现冰箱里的食物发霉了，不及时扔掉这些发霉的食物整台冰箱都会被污染。

逃离毒爱关系可能需要专业的支持和指导,毕竟不是每个人都能自己拆掉一颗定时炸弹。心理专家、咨询师、社会工作者这些"排雷专家"可以提供情感支持和专业建议,让你知道怎样才能安全地离开这个"地雷阵"。情感支持在逃离毒爱关系时至关重要。如果关系涉及身体暴力或威胁,可能还得咨询律师,了解法律保护措施。保护令、限制令这些东西,必要的时候真的可以为你提供有力的帮助。

接下来,需要建立一个强大的支持网络。朋友、家人、支持小组这些"战友"可以在逃离过程中为你提供情感支持和实际帮助。根据社会支持理论,支持网络的存在有助于受害者在困境中找到自己的力量。在建立支持网络时,最好选择那些不容易被控制者"渗透"的人,否则就会变成一部间谍片,得时刻提防对方的"内线"。

制订安全计划也是必不可少的。这就像在逃离监狱之前,得先搞清楚逃生路线和备用计划。确保自己的住址、联系方式等信息是保密的,避免控制者知道你要逃去哪儿。还得准备好紧急物品,比如,身份证、重要文件、现金,必要时可以"像风一样离开"。和支持网络商定一些安全词或信号,以便在需要帮助时能迅速获得支持。这就像在玩一场真人版的飞行棋,你得确保自己的骰子随时准备好。

逃离毒爱关系需要自尊和自信。这时候,受害者需要多给自己打气,告诉自己"我能行",然后逐渐建立自尊心。心理学家罗杰斯指出，自尊是个人心理健康的重要组成部分。而毒爱关系通常会像个吸尘器，把受害者的自尊心吸走。在逃离毒爱关系后，受害者还得继续培养自尊心，确保在未来的关系中不再落入同样的陷阱。

培养自尊和自信可以从小事做起，比如，早晨起床决定喝什么咖啡，晚上决定看什么电影。这些看似微不足道的决定，其实是让自己找回"掌舵"的感觉。逐渐地，受害者会发现自己能够做出越来越多的决定，从而增强决策能力和自信。等到这些都搞定了，你会发现，世界变得更大了，自己也变得更强了。

通过这些策略和技巧，受害者可以逐渐摆脱毒爱关系，重新获得心理健康和个人自由。摆脱毒爱关系是一场持久战，你的敌人是毒爱中的伴侣，也是你自己的想法和信念，你需要勇气、智慧和坚韧。最终你会发现，这一切努力都是值得的，因为外面的世界比那个充满毒爱的房间要美好得多。

测试：给自己的亲密关系打个分

老规矩，接下来你会看到一些句子，请认真阅读每一句话，并尽量客观地考虑过去一年内你和伴侣的关系，用1~5这五个数字来衡量你在这些关系中的真实情况，1代表完全不符合，2代表比较不符合，3代表不确定，4代表比较符合，5

代表完全符合。

下面的句子描述的是你们亲密关系中关于沟通的一些情况，按照1~5的分数，给自己亲密关系中的沟通维度打个分吧！

1. 我能感受到自己被伴侣尊重。
2. 当我在谈论事情时，我能感到对方在倾听。
3. 我的伴侣知道如何回应我的情绪，以能够令我感到自己被确认、被理解的方式。
4. 我能感到自己对伴侣来说非常重要。
5. 即便我的伴侣不认同我的行为，我仍然能感到他（她）爱我、关心我。
6. 当我需要他（她）的时候，他（她）就在那里。
7. 我信任我的伴侣。
8. 除了正在准备中的惊喜，我没有对伴侣隐藏任何秘密。
9. 我会将这段关系描述为非常健康、快乐的。

你在上面九句话上的得分是多少？＿＿＿＿＿＿＿＿

以上九句话评估的是你和伴侣的沟通情况，比如，你和伴侣是否可以用彼此能接受的、相对舒服有效的状态来进行沟通；沟通的过程中你是否有被倾听、被尊重、被信任、被依靠的感觉。得分越高代表你们的沟通越顺畅，得分很低说明你们的沟通出现了一些问题，认真想一想，问题出在倾听方面还是出在了表达方面？你准备如何改善？把你的思考写在下边吧！

_____

_____

_____

接下来的句子描述的是你们亲密关系中关于争论的一些情况，按照1~5的分数，给自己亲密关系中的争论维度打个分吧！

1. 在我们发生争论时，我依然感受到自己被爱。

2. 我的伴侣会以合理的方式来表达不同意见，不会进行人身攻击、翻旧账、发最后通牒，等等。

3. 在伴侣面前，我能安全地表达情绪，即便是在意见不一致的时候。

4. 我们之间没有长期存在、未被解决且影响到我们日常互动的争论。

5. 伴侣的某些行为伤害到我的时候，他（她）能道歉。

6. 我向伴侣道歉的时候，他（她）善于接受和包容。

7. 我的伴侣对于争论是有选择性的，会把精力放在那些真正值得争论的事情上。

8. 我的伴侣愿意妥协。

你在上面八句话上的得分是多少？_____

上面八句话评估的是你和伴侣面对争论时的情况，比如，你和伴侣是否可以在意见相左的时候用合理的方式表达各自的意见；是否可以就事论事，在产生争论时仍然感受到自己被爱；是否能安全地表达自己的情绪，是否可以包容对方，等等。得分越高说明你们越能平和、成熟、理性地面对亲密关系中的争论，得分较低说明你们可能比较缺乏解决争论的智慧或技巧。认真想一想，哪些方面是你以前没有考虑到的？今后有哪些可以改善的地方？把你想到的内容写在下边吧！

_____
_____
_____

接下来的句子描述的是你们亲密关系中和价值观有关的一些情况，按照 1～5 的分数，给自己亲密关系中的价值观维度打个分吧！

1. 我的伴侣和我价值观相似。
2. 当我们的价值观不同时，我们能够平静地接纳这一点。
3 我的伴侣习惯与我不同，不会对我们的关系造成负面影响。

4. 我们对关系中的责任、义务有明确划分，并且都能坚持。

5. 我能够接受我的伴侣本来的样子。

6. 当我想要拥有独处时间时，我的伴侣会尊重我的需求。

7. 我和我的伴侣尊重（甚至喜欢）对方的家人。

你在上面七句话上的得分是多少？_____

上面七句话评估的是你和伴侣在价值观方面的情况，比如，你和伴侣的价值观是否相似；在价值观不一样的情况下你和伴侣能否彼此尊重、求同存异、接受对方原本的样子，等等。得分越高说明你们的价值观越一致或者越能尊重、理解、包容彼此的价值观，得分较低说明你们的价值观不太一致，而且不太能彼此包容。认真想一想，哪些是可以互相接纳的，哪些是可以求同存异的？把你想到的内容写在下边吧！

_____
_____
_____

接下来的句子描述的是你们亲密关系中和人生目标相关的一些情况，按照1~5的分数，给自己亲密关系中的人生目标维度打个分吧！

1. 我的伴侣能支持我的职业生涯发展。

2. 我的伴侣能够支持我的家庭关系。

3. 我的伴侣能够支持我的友谊。

4. 我和我的伴侣对我们共同的未来有着清晰的愿景。

5. 我知道我的伴侣对于家庭、事业、居住、生活方式等方面的未来期待,并且这些期待与我的期待可以兼容。

6. 我对于自己作为个体的未来有着清晰的期待,并且这些期待与他(她)的期待能够兼容。如果我还没有清晰的目标,他(她)也能给我耐心和帮助。

你在上面六句话上的得分是多少?_____

上面六句话评估的是你和伴侣在人生目标方面的情况,比如,你和伴侣能否在职业生涯上互相支持;是否支持伴侣的亲情、友情链接;是否了解对方对未来的期望,并在对方迷茫的时候给予足够的耐心。得分越高说明你们的人生目标越一致或者越能在对方迷茫的时候给予对方包容和支持,得分较低说明你们的人生目标不太一致,或者在人生目标上的包容度比较差。认真想一想,哪些人生目标是可以互相接纳的,哪些是可以有所改变的?把你想到的内容写在下边吧!

_____

_____

_____

接下来的句子描述的是你们亲密关系中关于消费方面的一些情况，按照 1~5 的分数，给自己亲密关系中的消费维度打个分吧！

1. 我和伴侣能在如何花钱上达成共识。
2. 我和伴侣能在如何存钱上达成共识。
3. 我的伴侣会有意识地对大宗支出进行思考，并和我一起讨论。
4. 在经济困难时，我们会讨论怎么在不伤害关系的前提下做好财务安排。
5. 我和伴侣之间经济实力差距悬殊，但这不会使我们在关系中的权力产生显著的不对等。

你在上面五句话上的得分是多少？_____

上面五句话评估的是你和伴侣在消费方面的情况，比如，你和伴侣能否在花钱、存钱上达成共识，能否就长期开支进行讨论并达成共识。得分越高说明你们的消费观越一致，而且能够就消费方面的情况进行平和、理性的沟通；得分较低说明你们的消费观可能不太一致，或者不太容易就消费方面进行平和、理性的沟通。认真想一想，问题主要出现在哪些方面，是存钱、花钱还是大宗支出？把你想到的内容写在下边吧！

_____
_____
_____

接下来的句子描述的是你们亲密关系中关于兴趣的一些情况,按照1~5的分数,给自己亲密关系中的兴趣维度打个分吧!

1. 我和我的伴侣在一起时总是觉得充满乐趣。
2. 我们有共同的、可以一起探索的兴趣爱好。
3. 我们能支持并鼓励对方独立的爱好。
4. 我们会时不时进行双人约会,并且很开心。
5. 我们能在日常生活中找到令人开心的细节。
6. 我的伴侣也是我最好的朋友。
7. 我的伴侣会不时做一些小事,让我知道他(她)在想着我。
8. 我们每天都会一起大笑。

你在上面八句话上的得分是多少? _____

上面八句话评估的是你和伴侣在兴趣方面的情况,比如,你和伴侣是否有共同的兴趣,是否愿意去做对方在意的小事,是否能愉快共处、独处。得分越高越能说明你和伴侣是好朋友，有共同的兴趣并愿意给彼此惊喜，既有共同爱好，又能安心独处；得分较低说明你们在一起的时候气氛可能会有点沉闷。认真想一想，自己的兴趣是什么？对方的兴趣是什么？有哪些是可以一起培养的，有哪些是需要接受对方或者被对方接受的？把你想到的内容写在下边吧！

_____

_____

_____

接下来的句子描述的是你们关于育儿的一些情况，如果你们还没有孩子，那就跳过；如果已经有了宝宝，那就按照1~5的分数，给自己亲密关系中的育儿维度打个分吧！

1. 我们能在育儿方式上达成共识。
2. 我能感受到在育儿的责任上，我的伴侣也能充分承担。
3. 在关于育儿的决定上，我的意见能被充分倾听和考虑。
4. 即便我们意见不统一，也能在孩子面前结成统一战线，只发出一种声音。
5. 在育儿的责任上，我们制订了切实可行的劳动划分方案。
6. 除去孩子，我的伴侣和我还有其他话题可聊。
7. 我觉得我们之间的关系还像生孩子之前一样紧密。

你在上面七句话上的得分是多少？_____

上面七句话评估的是你和伴侣在育儿方面的情况，比如，你和伴侣能否在育儿方式上达成共识，并共同承担起养育孩子的责任，是否还有除孩子之外的共同话题，生孩子后关系是否一如既往的亲密。得分越高越说明你和伴侣在对待孩子的问题上想法大体一致，而且双方对彼此在育儿方面的付出认可度比较高；得分较低说明你们在育儿方面还有许多需要沟通商榷、共同进步的空间。认真想一想，为了提高育儿质量，减少育儿矛盾，可以做些什么？把你想到的内容写在下边吧！

_____

_____

_____

经过这一系列的评分，相信你已经对自己和伴侣在沟通、争论、价值观、人生目标、消费、兴趣和育儿等方面的情况有了全面了解，并对你们的关系有了系统评估。弄清现状之后，你要知道，你可以选择改善关系也可以选择转身离开。改变需要勇气，离开也不是懦夫！总之，行动，立刻行动，才是告别毒爱，迎接美好的最佳方式！毕竟，种下一棵树的最佳时间是十年前和现在！

第二节 ▶ 平衡：爱情与生活的协调

冲突：爱情与生活的失衡

在爱情的甜蜜和生活的琐碎之间找到平衡，需要我们有健康的心理和高超的技术。维持平衡向来是一件不容易的事，就像在高空走钢丝，一边是热情的火焰，另一边是现实的冰山。维护恋爱关系的同时，协调好工作、家庭和个人发展，简直是现代都市生活的一门艺术。那么，我们一起来看看李萍的故事，看看她是如何在这场平衡的游戏中，努力找到属于自己的节奏的。

故事发生在一个周五的晚上，城市的灯光逐渐亮起，街道上的人流开始稀疏。李萍在办公楼的走廊里快步前行，鞋跟在大理石地面上敲击出急促的回响。她的手机不断震动，是张伟发来的消息，问她今晚是否还能按时赴约。她的心一紧，看看手表，已经是晚上8点了，这可是她和张伟约定吃晚饭的时间。但李萍是一名广告策划师，工作节奏快、压力大，按时下班几乎是不可能的事。上司刚刚要求她修改一个重要的广告策划，看来今晚的约会要泡汤了。

李萍感到一阵愧疚，张伟是她的男朋友，是一名摄影师，工作时间也不太规律，但他总是尽量抽出时间来陪她。可是李萍这段时间总是加班，甚至周末也难得休息。这让他们的恋爱关系变得有点尴尬，两个忙碌的人很难协调出共同的空闲时间。上周末，他们因为她的加班取消了郊游计划，张伟虽然没有抱怨，但他的语气开始带着一点失望。他们在一起的时间越来越少，交流也逐渐减少。

李萍坐在办公桌前，桌上堆满了文件，咖啡早已凉透。她快速给张伟回了信息："我这边有点忙，今晚可能会晚一点，要不你自己先吃吧。"她知道这不是最好的回答，但她也没办法。广告行业的客户需求总是层出不穷，领导的期望也像天花板一样高。她不想让张伟失望，但她也无法放弃这份她热爱的工作。

李萍的故事几乎每天都在都市男女身上上演。曾经有这样一句调侃："我抱起砖头就没法抱你，放下砖头就没法养你。""抱起砖头"就是工作，"抱你"就是爱情，工作和爱情，就是这么难以平衡。李萍试图在职业发展与恋爱关系之间找到平衡，但这并不容易。毕竟人的时间和精力都是有限的，谁都没有超能力把自己分成两半，也没有魔法能让一天变成 36 小时。工作的压力让李萍疲惫不堪，这种疲惫也无可避免地会带到恋爱关系中来，而张伟也因为他们在一起的时间越来越少而感到困扰。

在现代社会，时间管理成为维持生活质量的重要因素。心理学家斯蒂芬·柯维的《高效能人士的七个习惯》里提到，时间管理的关键在于区分重要与紧急事项，然后合理分配时间。但李萍在工作中面对巨大的压力，时间好像被各种任务和客户需求榨干了。这让她很难找到个人生活的空间，几乎没法跟张伟好好约会或共进晚餐。

长时间的高压工作会导致身心疲惫，这是压力理论告诉我们的真相。李萍回到家时，只想瘫在沙发上，连遥控器都不想拿，更别提跟张伟讨论人生理想。她的这种状态不仅影响了她的工作表现，还影响了她与张伟的关系质量。为了找到平衡，李萍需要重新审视她的时间分配，可能得学会拒绝一些额外的工作。

心理学家亚伯拉罕·马斯洛的需求层次理论中提到，自我实现是人类的最高需求。李萍在工作中追求成功，这是她实现自我价值的方式之一。但她也想在恋爱关系中找到归属感和爱，这两者的平衡似乎成了她的主要挑战。她需要思考什么对她来说最重要，然后根据优先级来调整她的时间管理。

开放沟通是解决平衡问题的重要工具。李萍知道她需要和张伟好好聊聊，不要让误解和冲突堆积起来。她可以坦诚地告诉张伟她的感受，解释她为什么总是那么忙。沟通不仅可以帮助她在恋爱关系中找到平衡，还可以让她的上司了解她的困境。也许她可以请求减少一些工作负荷，以便有更多时间与张伟相处。

李萍还需要找到一些实用策略来帮助她实现平衡。时间管理是关键，她可以制订详细的计划，确保她有时间照顾自己的生活。此外，她可以尝试设定一些小目标，逐步找回生活的掌控权。

学会说"不"也是李萍需要学习的技巧之一。她可能会面临各种额外的任务，但她需要勇敢地拒绝那些超出她能力范围的工作。这不仅可以减少她的工作压力，还可以让她和张伟有更多时间共处。

通过这些策略，李萍可以逐渐找到爱情与生活的平衡点。在这个过程中，她需要坚定自己的优先级，确保她在职业发展和恋爱关系之间保持平衡。这个平衡点可以帮她找到平衡爱情和生活的节奏，让生活更加充实和美好。

练习：时间管理计划

现在，让我们把自己当作李萍，为她量身定制一个时间管理计划吧！

一、回顾现状

（一）工作现状

我现在的职位是_____，目前的薪资水平是_____。

我的主要工作任务是：

1._____

2._____

3._____

…………

目前，我承担了一些不属于我的工作任务：

1._____

2._____

3._____

…………

（二）感情现状

我和张伟的恋爱纪念日是_____。

目前我和他的感情生活处于_____阶段。

A. 热恋期：从素不相识到成为伴侣，时刻对彼此牵肠挂肚，想要腻在一起！

B. 磨合期：激情和光环逐渐褪去，生活日益平淡，双方身上的缺点和两人之间的不合逐渐暴露，很容易吵架。

C. 稳定期：对彼此的脾气、性格、生活习惯都有了深入了解，出现问题能平静地解决，可以做到互相包容、彼此依赖，日子平淡且幸福。

近一个月内，发生在我和张伟之间让我最难忘的事情是：_____

我们上周一共在一起吃了_____顿饭，一起做了下面几件事：_____

二、制订计划

（一）工作计划

我希望在今年能做到的职位是_____，我的目标薪资水平是_____。

我认为最重要且紧急的工作任务是：

1._____

2._____

3._____

…………

我认为紧急但不重要的工作任务是：

1._____

2._____

3._____

…………

我认为重要但不紧急的工作任务是：

1._____

2._____

3._____

…………

我认为不重要也不紧急的工作任务是：

1._____

2._____

3._____

…………

试着拒绝一下那些不属于自己的工作任务，计算一下你因此节约了多长时间！

_____

_____

(二)感情计划

1.最近一个月内是否有属于我们两个的重大节日？

2. 为此,我准备选择以下哪种方式庆祝(　　)。

A.看电影　B.共进晚餐　C.一起逛街　D.其他方式

3. 这项活动一共会花费我_____小时的时间,为此我要提前做如下准备:_____

4. 经过和张伟沟通,我们决定_____(多久)一起吃一次晚饭,_____(多久)一起散一次步,_____(多久)一起看一场电影,_____(多久)一起谈谈心。如果一方做不到,就要从洗床单、擦桌子、整理衣物等家务中选择一个,作为小小的补偿。

(三)每日工作生活计划表

序号	时间段	计划安排	是否完成及原因	改进方案
1				
2				
3				

续表

序号	时间段	计划安排	是否完成及原因	改进方案
4				
5				
6				
7				
8				
9				
10				
11				

第三节 ▶底线：
做有原则的女人

坚持原则、守住底线

在恋爱的世界中，原则和底线是让我们在甜蜜的浪漫氛围中保持清醒的指南针。它们告诉我们，哪些行为是不可接受的，并帮助我们确保恋爱关系的健康发展。可以说，底线就像那根时刻绷紧的琴弦，提醒我们要保持自尊，不要让感情牵着我们的鼻子走。让我们看看王慧的故事。

王慧是一个善良而坚定的女孩，她在恋爱关系中有着自己的原则和底线。她知道，恋爱不仅仅是烛光晚餐和甜蜜约会，还需要相互尊重和信任。然而，她的男朋友张亮似乎不太懂这些。他总是喜欢开玩笑，有时候还带点儿刻薄的意味，在朋友聚会时，他总是喜欢拿别人开涮，特别是王慧，这让她感觉很不舒服，但她一直没有爆发。

直到那个周末的夜晚，城市的街道上，霓虹闪烁，车水马龙，王慧站在家里的厨房中，面前是一个刚刚打碎的陶瓷碗，瓷片碎了一地，溅起的水花洒在她的拖鞋上。客厅的门被狠狠甩上，张亮的身影消失在门后。王慧的手微微颤抖，心里满是疑问，她在想，这到底是怎么了？为什么他们之间的争吵变得越来越频繁？而这一次，她感觉到的是真正的无力和挫败。

一切始于一场看似无害的聚会。王慧带张亮参加她朋友的聚餐，希望能让张亮融入她的社交圈，结果张亮在聚会上开了一系列不恰当的玩笑，特别是关于王慧的身材和她朋友的私生活的。你能想象吗？人们正吃着蛋糕，张亮突然来了句："这蛋糕比王慧的腰还粗呢！"所有人都愣住了，王慧脸上僵硬的笑容就像风干的泥塑，她知道这不对，但为了让聚会继续下去，她努力控制着自己的情绪，坚持到了聚会结束。

回到家后，王慧心中的愤怒和失望再也压抑不住，她决定与张亮谈一谈。她轻声说："张亮，我觉得今天的玩笑有点过分了，你不应该在我的朋友面前那样说话。"她尽量语气平和不带怒气，想让张亮理解她的感受，而非大吵一架。但张亮的反应简直像听到了笑话，他皱着眉头说："你怎么这么敏感啊？不就是开个玩笑吗？怎么还当真了？"张亮的反应让王慧的心像被泼了一盆冰水，她意识到，张亮根本不在乎她的底线。

王慧不由得陷入了深思，这样的关系，这样的话，究竟意味着什么？这段关系是不是已经让她失去了应有的自尊？如果她不坚持底线，结果会怎样？是否会连捍卫尊严的勇气都失去了？她努力解释自己的感受，强调尊重和信任的重要性，张亮却突然摔了碗，语气越发强硬："你这么小题大做，我也没办法，可能咱们两个真的不合适吧！"这句话犹如一记重锤，让王慧的心瞬间跌入谷底。她知道，坚持自己的底线是对的，但她也不想因为这个失去这段关系。

此时，王慧站在碎裂的陶瓷碗旁，心里满是纠结。她意识到，这不仅仅关乎今晚的争吵，而且关乎她在恋爱关系中能否被尊重。她想，如果她不设定底线，她可能会在这段关系中迷失自己。为了找回自我，她开始思考原则和底线在恋爱中的重要性，以及如何在关系中坚持这些底线。

类似的故事很多，有些人为了避免冲突，选择了妥协和退让；但大多数情况下，妥协和退让不仅不能换来伴侣的理解，还会导致关系的天平逐渐倾斜。当一方不再坚持自己的底线，那么他们的恋爱关系很有可能会朝着错误的方向发展。就像王慧，她意识到，如果在恋爱中没有底线，不坚持原则，那么只能在感情森林中迷失方向、遗失自我，甚至成为张亮肆无忌惮嘲笑讽刺的对象。她的故事提醒我们，恋爱不仅仅是浪漫，更需要尊重和相互理解。为恋爱关系设置底线，并坚守这些底线，可以为我们在感情的迷雾中指明方向。

恋爱关系中的原则和底线就像感情的导航系统，它们既维护了双方的尊重和信任，又保护了每个人的自尊和价值观。话说回来，如果没有原则和底线，这段关系可能就会像没有指南针的船一样，随时可能撞上冰山。看看王慧和张亮之间的冲突，你会发现他们的争吵其实是因为原则和底线的分歧。

底线在恋爱关系中就像那条划定的红线，它代表了每个人在关系中可以容忍的最低标准。张亮那些所谓的玩笑话，让王慧觉得自己的底线被他践踏了！这让她意识到，在恋爱关系中，必须设定并维护明确的底线，以免被不尊重她的行为所困扰。

原则是恋爱中的道德指南针，它帮助个体在复杂的情感环境中保持方向。原则通常涉及诚实、忠诚、尊重等价值观，这些是关系健康的基础。王慧之所以感到那么愤怒，是因为她的原则被挑战了。她坚持自己的道德标准，而张亮却一再试图用刻薄的玩笑来测试她的耐心。

设置恋爱原则和底线，首先得了解自己的需求和价值观。就像你不可能去买一辆车却不知道你喜欢哪种颜色一样。王慧觉得不安，因为张亮的玩笑超过了她的容忍范围。她可能在想："我是不是在和一个不懂互相尊重的人约会？"自我反思是设定底线的重要步骤，你得搞清楚自己想要什么，不能什么都

"随便"。

接下来,王慧需要与张亮进行一次"深度沟通",确保双方都了解对方的原则和底线,这样才能建立相互尊重的关系。这种沟通的目标是解决问题,而非争吵冲突。要知道,当你试图解决问题的时候,身体姿态和聆听都很重要,千万不能让对方觉得你是来攻击他的。如果他们能在恋爱中制定共同的准则,确保双方在关系中有共同的价值观和道德标准,那么他们的关系就会更加稳固,就像一只装备了高级 GPS 的船,不容易跑偏。这些原则和底线将成为恋爱关系的坚实基础,帮助他们在感情的海洋中找到正确的航向。

坚持原则、守住底线需要持续的努力和警觉,就像你去健身房锻炼一样,不能只去一次就觉得自己已经变成了健美身材。王慧在与张亮的争吵中,面临着一个选择:她是要放弃自己的原则,还是冒着失去这段关系的风险坚持自己的原则?心理学家卡尔·罗杰斯的人本主义理论认为,原则是个体自我价值的体现,如果放弃原则,可能会导致自尊的下降。

坚持原则、守住底线的关键在于一贯性。王慧需要在日常生活中持续坚持她的原则,就像每天刷牙一样,一旦发觉张亮的行为突破了自己的原则和底线,就要立马指出,千万不要等到厨房里的碗都摔碎了才开始想着怎么解决。角色扮演练习可以帮助她在实际情况下坚持原则,模拟不同的情境,看看在压力下自己会如何处理。这种练习能让她在面对现实挑战时不至于被打乱阵脚。

原则与底线在恋爱关系中至关重要。原则是道德和价值观的体现，而底线则代表了关系中的最低标准。如果没有这两者，关系就会变得混乱不堪，就像一场没有导演的戏剧，所有演员都在自由发挥，这就会导致许多不愉快的事情发生。王慧与张亮的冲突说明，当原则和底线受到挑战时，关系可能会陷入紧张状态。

恋爱中的冲突和挑战

恋爱关系中的冲突和挑战就像你在路上开车，总有坑坑洼洼和红灯让你停下来。其实，决定一段恋爱关系是否健康的关键不在于是否会遇到冲突，而在于如何应对冲突。正确的应对方式可以确保你的关系不会像撞了车一样一塌糊涂。

冲突的起因有很多，可能是需求和价值观不同，就像有人喜欢吃辣，有人不能碰辣椒。而王慧和张亮的冲突部分源于他们对尊重和幽默的看法不同。张亮觉得开个玩笑无伤大雅，但王慧觉得这完全是在伤害她的自尊；张亮那边还在哈哈大笑，王慧这边已经忍无可忍了。

冲突如果处理不好，后果很严重。心理学家约翰·戈特曼提到了"魔鬼四骑士"，说的是批评、轻蔑、防卫和冷暴力就像魔鬼的四个骑士，会对关系造成毁灭性打击。你知道那种感觉,当你和伴侣争吵时,对方一脸冷漠,仿佛在说:"随便你怎么闹,我就不理你!"这就是张亮在做的,他的冷淡和防卫会让王慧的委屈感和被伤害感进一步增强,因为她会发现,原来自己的伴侣连最起码的尊重、倾听都做不到。

那么,如何应对恋爱中的冲突呢?首先,沟通是关键,像心理学家马歇尔·罗森伯格说的,非暴力沟通可以让人不至于把沟通变成扔鞋子比赛。王慧需要和张亮谈谈,告诉他自己的真实感受。

恋爱中的沟通交流,身体语言是非常重要的,为了让对方能够共情,需要最大限度地使用肢体语言来建立信任。从眼神方面来说,尽量和善地看着对方的眼睛,千万不要带有挑衅性。从身体姿势方面来说,要尽量采用开放、舒展、热情的肢体语言,尽量避免封闭、对抗的肢体语言,以免让对方觉得疏离、警惕、蔑视。具体来说,开放舒展的肢体语言是放松的,需要展开手臂而非双手在胸前环抱,也一定不要双拳紧握;需要和对方保持眼神交流,而不是故意错开对方的目光;最好能让肩膀放松,身体微微向对方的方向倾斜,要有意识地放松身体,放慢动作,而不是走来走去,让人觉得紧张、慌乱。可以尝试对着镜子练习,矫正自己习惯性的封闭性肢体语言,让舒展、热情的肢体语言形成肌肉记忆。

恋爱中的沟通交流,用什么样的态度、语言说话固然重要,而做一个好的听众,准确捕捉对方的真实意思也同样重要。那么，应该怎么做一个好的听众呢？首先，要通过点头、眼神交流之类的肢体语言以及语言上的回应来给予对方及时的反馈，让对方知道你听到了他（她）说的话。其次，可以采用重复这一方式，把对方的大概意思做一个重新描述。最后，可以针对对方的说法，表达自己的感受或者看法，如果存有疑问，也可以通过询问的方式来让对方给自己解惑答疑。最重要的是，沟通过程中一定不要着急，不要"上头"，要保持冷静、理智，给对方思考和说话的时间。

除了沟通，寻找共同点也是解决冲突的好办法。就像一对情侣在点外卖时要找到双方都喜欢的菜品一样，王慧和张亮也需要找到他们在关系中的共同点。王慧可以告诉张亮她能接受哪些玩笑，哪些是底线。这样，张亮就知道他的幽默范围在哪里，不至于再"踩雷"。

在恋爱关系中，学会原谅和修复关系也很重要。心理学家路易斯·斯梅德斯的宽恕理论指出，原谅不是装作什么都没发生，而是理解和接受，让自己不再被过去的伤痛绑架。王慧和张亮可能会吵架，但他们也需要找到和解的方式，不然一直赌气下去，家里的碗可能真的要不够用了。

原谅并不意味着放弃原则，而是要找到新的平衡。王慧需要在关系中建立明确的边界，这样她的自尊和自信才不会被侵蚀。心理学家亨利·克劳德的边界理论强调，边界是为了保护关系而建立的，而不是让彼此无法呼吸。王慧需要和张亮讨论,她的底线在哪里,哪些行为是不可接受的。比如,如果张亮继续拿她的身材开玩笑,那她可能真的会离开。

通过建立边界,王慧可以在恋爱关系中找到平衡,确保她的原则得到尊重。如果他们能找到一种平和的方式解决冲突,他们的关系可能就会从"雷区"变成"花园"。关键是要确保两个人都明白,恋爱不是无休止的争吵,而是一种彼此理解、相互支持的关系。就像一首和谐的乐曲,偶尔有点错音,但最终还是会奏出美妙的旋律。

当然,并非所有冲突都能被解决,并非所有关系都能一直维持下去,所以,如何面对分手也是恋爱中的必修课。

分手,是结束也是新的开始

在恋爱的世界里,谁都希望找到那个让自己心跳加速的人,但有时候,面对孤独和社会压力,坚持自己的恋爱标准可能会变得像一场拔河比赛。大多数人都不想被拽到泥潭里,但当周围的人都在谈情说爱时,单身的感觉就像被世界遗忘了。于是,我们可能会怀疑,是否要放低自己的标准来维持一段让自己不舒服的恋爱关系。

夏娜坐在公园的长椅上,手里捧着一本小说,脸上带着一种既沮丧又如释重负的表情。为什么呢?因为她刚刚结束了一段压抑的恋爱关系，感觉自己终于从一个情感迷宫中逃了出来。她的前男友李强，喜欢当爱情的导演，总想让夏娜扮演他剧本中的角色。

夏娜和李强在一起的日子，起初就像一首甜美的情歌，但慢慢地，李强开始给夏娜定规则。他不喜欢她去绘画课，说那是浪费时间；他不希望她和女性朋友出去玩，担心她会被"带坏"。真是个"自带GPS"的家伙，他觉得夏娜去哪儿都得先经过他的批准。

但夏娜有自己的想法，她不想一直生活在李强的阴影里。一天，她在公园里看到一句话："真正的爱情是两个人一起成长，而不是一个人牺牲自己。"这句话像来自宇宙的信号，让她意识到，她值得拥有更好的生活。于是，她决定了，不能让李强这座"大山"压住自己的人生。

和李强分手后，夏娜开始重新审视自己的生活。她去练习瑜伽，回到绘画课，交了新的朋友，甚至试着做蛋糕，虽然烤出来的东西可能更像砖头。她开始感受到自由，不再有李强在她耳边念叨。坐在公园的长椅上，看着情侣们手牵手走过，她并没有感到孤独。她想，即使一个人，她也可以拥有自己的精彩。

这个故事告诉我们，坚持自己的恋爱标准是多么重要。当我们设定了标准，就相当于为自己的人生设定了导航系统。这样，无论遇到什么样的"感情小旋风"，我们都能知道自己应该往哪儿走。夏娜在一段压抑的关系中挣扎了很久，最终她明白了，这样的关系就像一班感情的幽灵列车，永远不知道什么时候会出轨。

那么，设定恋爱标准到底有什么用呢？首先，它能帮助我们明确自己的需求和期望，不会轻易被他人牵着鼻子走。其次，合理的标准能避免我们进入不健康的关系。想想看，如果没有明确的标准，我们可能会因为一时的孤独感，和一些根本不适合我们的人在一起，这就像试图把一只不合适的鞋穿到脚上，结果只会磨出一堆水泡。

在夏娜的故事中，她一开始没有清晰的标准，导致她被李强的控制欲和占有欲所困。她的绘画课被取消，社交圈被缩小，这些都是她牺牲自我来维持关系的结果。其实，坚持合理的恋爱标准不仅是对自己需求的尊重，更是对未来关系的负责。设定了标准，我们就不会随便跳进一段可能会受伤害的关系中，也可以有勇气离开一段让我们不舒服的关系。社会压力和情感诱惑总是存在，但只有坚持自己的标准，我们才能找到真正适合自己的那个人。

夏娜鼓足勇气，宁愿一个人坐在公园里看小说，也不愿意和一个不理解自己的人在一起。她相信，离开一个只想让她成为另一个人的人并不是损失，也不代表自己的感情失败，而是为了更好地做自己。或许将来的某一天，她会遇到一个愿意和自己一起成长的人，开启一段新的恋情。当然，就算没有遇到，她一个人也可以过得精彩。

其实，夏娜在结束与李强的关系后，起初也觉得孤独失落。毕竟，告别一段感情总是需要时间的。但她意识到，这次分手其实是她重新找回自我的机会。宁缺毋滥的态度让她有时间重新审视自己的生活，而不是马上跳进另一段可能更糟糕的关系中。

你知道吗，心理学家亚伯拉罕·马斯洛的需求层次理论指出，满足自我实现的需求是个人成长的重要部分。这就像说，只有当你学会享受独处时，你才能真正找到自己的价值。正是这段空窗期，让夏娜有时间发展自己的兴趣，重拾与朋友和家人的联系，慢慢找到了生活的快乐。

坚守宁缺毋滥的理念不仅有助于你避免陷入不健康的关系，还能帮助你在恋爱之外找到自我价值。夏娜通过这个过程，发现了公园里的宁静、看书的乐趣、艺术课程的创意，以及结交新朋友的惊喜。她终于意识到，只有当自己充满活力和信心时，才能吸引到真正理解她的人。

宁缺毋滥还意味着，我们在寻找伴侣时要有一定的耐心，宁愿自己保持单身，也不要为了赶紧找到对象而和一个不适合自己的人纠缠不清。这种心态不仅能让我们在恋爱中保持健康和独立，还能避免我们因为孤独或外界压力而做出草率的决定。

当然，社会压力可能会让人觉得必须在特定时间内找到伴侣，否则就会被贴上"单身狗"的标签。但坚持宁缺毋滥的人明白，人生就像一场马拉松，不必因为周围的人都在冲刺而跟着加速。恋爱标准的重要性在于，它帮你避免不必要的情感伤害，并且让你有机会在恋爱之外找到自我实现的途径。

所以，宁缺毋滥不仅是一个恋爱策略，更是一种生活哲学。它让我们懂得，自己的人生才是最重要的，爱情是锦上添花，而不是必备品。夏娜通过这个理念，找到了独处的乐趣，她终于明白，只有当你成为最好的自己时，才能吸引到最适合你的人。坚持这个理念，等待与寻找那个真正适合自己的人，而不是为了填补空虚而草率选择，这才是确保我们在恋爱中保持健康和独立的关键。

第四节 ▶ 自我实现：
不断成长的女性

自我实现的旅程：条条大路通罗马

在恋爱关系之外，女性可以通过多元途径实现自我价值，这些途径包括职业发展、教育提升和精神探索。这些活动不仅有助于个人成长，还能增强自我价值感和生活的满意度。

韩梅是一个典型的都市女性，在一座繁忙的城市中打拼。她从不满足于仅仅在职场上取得成功，而是寻求在多方面实现自我价值。她的办公室在一栋高楼的顶层，那里透过巨大的落地窗可以俯瞰整座城市。每当她看着远处闪烁的霓虹灯，她都会想到自己一路走来的辛苦与收获。在她的办公桌上，有一张她和母亲的合影，那是她在感到压力时的心灵支柱。

她的成功之路可以说是一部励志大片。在公司里，她从一个普通员工成长为团队骨干。每天早晨,她总是第一个到办公室的,带着一杯热咖啡,脸上挂着"我要征服世界"的表情。就算加班到深夜,她也没有怨言,因为她明白,这是成功的代价。她的同事们常常开玩笑,说她是"永不知疲倦的机器",但韩梅认为,只要能实现自己的目标,这一切都值得。

韩梅的朋友们也对她的拼劲感到惊讶,她总是有一个目标,并且为之努力。她的周末从不闲着,她会去参加职业培训,学习新的技能,还会参加各种线上研讨会,拓展人脉。有一次,她甚至因为参加太多线上研讨会,网络都差点罢工了。韩梅笑着说:"我的网络掉线了,但我的人生绝不掉线。"这种追求卓越的精神让她在职场上迅速崭露头角。

但是韩梅并不是一个只知道工作的工作狂,她深知保持身心平衡的重要性。每个周末,她都会去健身房,或者去上瑜伽课,让自己彻底放松。偶尔,她也会去公园散步,拥抱大自然,仿佛在和树木、小鸟进行心灵交流。她的朋友们总说她是"随时都能保持平衡的平衡术大师",这让她感到十分自豪。

在社交方面,韩梅也是个达人。她喜欢和朋友一起出去吃饭、看电影,或者参加音乐会。她相信,社交关系是保持心理健康的关键。每当她和朋友们一起出去的时候,她总是那个把大家逗得哈哈大笑的人。她有一种独特的幽默感,总是能把日常的小事讲得像传奇冒险故事一样。这让她成为亲朋好友中的"开心果"。

这个故事展示了韩梅作为一个现代女性，在实现自我成长和职业成功的旅程中所经历的挑战和收获的成果。她通过职业发展、教育提升和精神探索，找到了实现自我价值的途径。她不仅在职场上获得了认可，还在生活中找到了自己的快乐和满足。

韩梅的故事告诉我们，自我实现的途径多种多样。职业发展是她实现自我价值的重要方式，她在事业上取得了显著的成绩。每当她获得奖励时，她都会说："这不是我一个人的功劳，而是整个团队努力的成果。"这种谦虚的态度让她在公司内外赢得了尊重。

韩梅还通过持续学习来提升自己。她参加职业培训、在线课程，并积极拓展人脉。她喜欢学习新的东西，甚至在周末也不放过任何学习的机会。有一次，她和朋友一起吃饭时，顺便学习了如何调一杯鸡尾酒，她说："谁说学习就一定要在教室里？调这杯鸡尾酒，就是我的新技能！"这种持续学习的精神让她的生活充满活力。

除了职业发展，韩梅也非常重视精神探索和身心平衡。她喜欢瑜伽、冥想，这些活动让她在忙碌的生活中找到了一丝宁静。有一次，她在冥想时差点睡着，结果被旁边的朋友轻轻推了一下，大家都笑得前仰后合。韩梅说："我可不是睡着了，我是在进入冥想的更深层次。"这种幽默感让她的生活更加有趣。

韩梅的故事也提醒我们，找到自己的平衡点非常重要。她通过阅读和写作，探索自己的内心世界。她喜欢读各种各样的书，从科幻小说到心理学著作，她都兴趣盎然。有一次，她在社交媒体上写了一篇关于生活感悟的文章，获得了很多人的点赞。她说："写作是我的一种表达方式，我的思绪就像火车，不停地在轨道上奔驰。"

韩梅通过各种方式实现了自我成长和职业成功。她的故事告诉我们，只有保持好奇心，勇敢面对挑战，不断学习和探索，才能在生活中找到真正的快乐和满足。无论你是在职场上努力拼搏，还是在追求自我成长的旅程中，韩梅的故事都能给你带来启发和动力。她是那个在繁忙的城市中，始终保持微笑的女性，她用自己的方式告诉我们，生活不仅仅是努力工作，更是享受其中的每一个瞬间。

韩梅的故事就像一部活生生的励志剧，她证明了持续成长的重要性。这种成长不仅体现在职业生涯中，也在她的个人生活中得到充分展现。韩梅从不满足于现状，她总是寻找机会来提升自己，无论是在职业上还是在精神上。通过持续学习和适应变化，她持续取得成功，仿佛她的生活就是一场持续升级的游戏。

韩梅的成长秘诀在于不断设定新的目标。她总是会问自己"接下来要做什么？"，然后立即着手行动。她的这种成长态度就像心理学家卡尔·罗杰斯的人本主义理论，即人类的潜力是无限的，成长是一个不断探索和发展的过程。韩梅的持续成长不仅让她在职场上变得更强，也让她在生活中找到更多的快乐。

在职场上，韩梅总是保持竞争力。她不断学习新技能，参加各种培训和研讨会，仿佛她的大脑从未停歇。她的同事们都说，她是公司里的"知识海绵"，能快速吸收一切有用的信息。韩梅的这种态度让她能够应对职场上的变化，无论是新技术的出现，还是公司的业务调整，她总是能迅速适应。

韩梅的持续成长不仅让她在工作中脱颖而出，还帮助她在个人生活中找到更多的快乐。她的社交生活丰富多彩，喜欢和朋友一起参加各种活动。她相信，社交关系是保持心理健康的关键。在一次音乐会上，她结识了一位志同道合的朋友，两人聊得很投机，韩梅说："我可不是来听音乐的，我是来结交朋友的！"这种幽默感让她的人际关系变得更加融洽。

持续成长对于恋爱关系也有积极作用。在恋爱中，韩梅的成长态度让她能够与伴侣共同进步，建立更加健康的关系动态。她明白，恋爱不是依赖，而是共同成长。通过不断成长，她在恋爱关系中保持独立性，同时与伴侣共同追求幸福。有一次，她和伴侣一起参加了一次马拉松比赛，虽然两人都累得筋疲力尽，但韩梅说："这不是在跑步，这是在测试我们的关系是否耐力够强！"这种轻松幽默的态度让他们的关系变得更加坚固。

韩梅的故事向我们展示了持续成长的重要性。无论是在职场上还是在个人生活中，持续成长都可以帮助我们保持竞争力，找到更多的快乐。韩梅的态度和行动告诉我们，成长不仅仅是不断学习，更是适应变化、迎接挑战。她的成功不仅源于她的努力，更因为她从不停止前进。韩梅就像一只不断飞翔的鸟，总是寻找新的高度，不管天空多么宽广，她总是愿意向更高、更远处飞去。

因此，无论你是想在职业生涯中获得成功，还是在个人生活中找到幸福，韩梅的故事都是一个很好的启示。她通过持续成长，证明了只要有勇气和毅力，就能不断前行，找到属于自己的幸福和满足。她让我们明白，成长不仅仅是一个过程，更是一种生活方式，是不断探索和发现的乐趣。

不断成长，做生活的主人

当我们谈到自我实现的时候，你的脑海中或许浮现出了一条洒满阳光的大道，路的两旁开满鲜花，天空中还有几只彩蝶在飞舞。事实是，自我实现更像坐过山车，时而欢呼，时而惊叫，还得确保安全带没松。要到达那个闪闪发光的城堡，你不仅得走过泥泞，还可能踩到一些狗屎。不过别担心，只要方向正确，总能找到那条通往光明的路，虽然过程可能会有点曲折。

自我实现听起来有点像一场心灵的马拉松，但实际上它更像一场迷你奥林匹克运动会，里面包含了各种各样的项目：跳远、撑竿跳高、障碍赛跑，偶尔还有平衡木。要在这场竞赛中取得胜利，你需要一些技巧、一些决心，或许还需要一双质量出众的鞋子。

首先，让我们弄清楚，为什么自我实现这么重要。为什么我们不能像一块石头一样，静静地躺在那里，任凭风吹雨打？石头不会被邀请去派对、不会升职、也不会成为别人心目中的偶像。如果你想要成为焦点，或者至少是自己生活的主角，就得开始追求自我实现。马斯洛的需求层次理论告诉我们，只有当我们满足了生理需求、安全需求、社交需求和尊重需求后，我们才能开始考虑人生的终极问题。基本上，这意味着在吃饱穿暖之后，你可能会想知道自己到底在这世上是干什么的。

在自我实现的旅程中，最重要的是，你要找到自己的方向，而不是别人告诉你的方向。有时候，我们以为自己需要实现的目标，实际上是别人强加给我们的。就像你以为自己想要一辆红色的法拉利，但其实只是因为邻居买了一辆。结果你买了一辆，却发现你其实更喜欢蓝色，还不喜欢开车。这就是为什么在自我实现的旅程中，最重要的是找到自己的方向。

要避免陷阱，你需要学会不追逐他人的梦想。这就像去参加派对，发现自己居然和别人穿了一模一样的衣服，瞬间因撞衫而尴尬不已。别人的梦想可能看起来很诱人，但它们不一定适合你。记住,你是独一无二的,你的旅程也是独一无二的。如果你开始觉得自己的目标有点模糊,那就停下来,看看这些目标是源于你的内心,还是因为你看了太多的励志鸡汤。

在自我实现的旅程中,你可能会遇到各种各样的挑战,就像超级英雄电影中的主角一样。唯一的问题是,你没有超能力,也没有炫酷的披风,所以你得靠自己去战斗。有时候,挑战可能会让你觉得自己像一只迷路的小鸟,但记住,你是自己故事的主角,你有能力改变自己的人生。即使你没有披风,你还有决心和毅力,而这些是你最强大的武器。

不断学习和成长是自我实现的核心。在这个过程中,你可能会遇到失败,但这只是成长的一部分。就像你第一次学骑自行车时摔倒了,但你没有因此放弃,而是站起来继续骑。这就是自我实现的关键,每一次摔倒都是一次学习的机会,告诉你下次该如何保持平衡。

找到自己的节奏也很重要。每个人的节奏都是独特的,有人喜欢一路狂奔,而有人更喜欢慢慢来。在自我实现的旅程中,找到一个适合自己的节奏非常重要。你需要一个既能让你感到舒服,又能推动你不断前进的节奏。就像在舞池里,你可以跟着音乐跳舞,但千万不要踩到别人的脚,那样可能会引起一场舞池灾难。

最终,自我实现是为了让你成为自己生活的主人。这并不意味着你要统治一切,而是意味着你要有能力掌控自己的生活。你可以选择自己的方向,追求自己的梦想,并为自己的人生负责。

所以,勇敢地踏上这段自我实现的旅程吧!记住,你是自己的英雄,你有能力克服任何挑战。最重要的是,享受这个过程,因为这是一段充满惊喜和机遇的旅程。而且,谁知道呢?也许在旅程的某个转折处,你会发现那座闪闪发光的城堡就在前方,等着你进入!